LE NOUVEL ENTRAÎNEZ-VOU

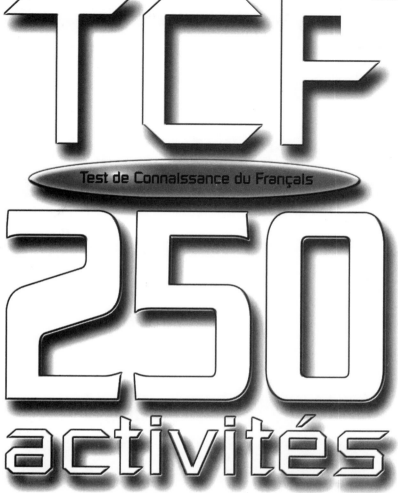

TCF

Test de Connaissance du Français

250 activités

Sandrine BILLAUD
Hélène RELAT

CLE
INTERNATIONAL

www.cle-inter.com

Remerciements : merci à S.

Édition : Marie-Christine Coüet-Lannes
Couverture : Michel Munier
Illustrations : Ariane Lacan
Conception et réalisation : Alinéa

Sommaire

Test d'entraînement

Compréhension orale

Structures de la langue

Compréhension écrite

Avant-propos

Le TCF, Test de Connaissance du Français, est un nouvel instrument d'évaluation des connaissances, élaboré à la demande du ministère de l'Éducation nationale et du ministère des Affaires étrangères français. Cet ouvrage est ouvert à tous les publics : professionnels, étudiants, demandeurs d'emploi... et à tous ceux qui veulent simplement faire le point sur leur niveau de connaissances en français.

Le TCF présente les avantages considérables d'être simple, efficace, de donner rapidement un score permettant à chacun de se situer sur une échelle de connaissances et de maîtrise de la langue (avec des correspondances à 6 niveaux).

Dans certains cas, en associant les épreuves complémentaires, le TCF permet également d'accéder au DELF deuxième degré ou au DALF. Il constituera également l'instrument de validation des connaissances pour les étudiants étrangers désireux de suivre des études dans des universités françaises.

Les précautions prises par le CIEP lors de la construction du test, les analyses extrêmement approfondies qui sont faites, le professionnalisme constant de toutes les personnes directement impliquées font que le TCF est appelé désormais à jouer un rôle de référence dans le domaine de l'évaluation en langues vivantes.

Le TCF, en outre, est certifié normes ISO 9001, ce qui constitue pour le monde de la formation et de l'entreprise un gage complémentaire de rigueur et de crédibilité.

Les auteurs, dont je connais personnellement les qualités pédagogiques et intellectuelles, depuis quelques années fortement impliquées dans l'évaluation et plus particulièrement les tests, proposent – avec ce manuel facilement accessible – une préparation pleinement efficace et équilibrée.

Richard LESCURE
Responsable Filière FLE
Université d'Angers
Membre du Conseil Scientifique du TCF

Qu'est-ce que le TCF?

Le TCF est le test de français du ministère de l'Éducation nationale.

C'est un test de niveau linguistique en français langue générale destiné à tous les publics non francophones qui souhaitent, pour des raisons professionnelles ou personnelles, faire valider de façon simple, fiable et rapide leurs connaissances en français.

Il est composé d'épreuves obligatoires et d'épreuves complémentaires :

Trois épreuves obligatoires		Deux épreuves complémentaires	
80 items 1 h 30	Compréhension orale 30 items *25 minutes*	2 h	Expression orale *15 minutes*
	Maîtrise des structures de la langue 20 items *20 minutes*		Expression écrite *1 h 45*
	Compréhension écrite 30 items *45 minutes*		

Le TCF complet évalue un niveau de compétence en français.

Le TCF est un test standardisé et calibré conçu selon une méthodologie extrêmement rigoureuse qui en fait un véritable instrument de mesure.

Les résultats assurent un positionnement fiable des candidats sur une échelle de six niveaux de connaissances, d'élémentaire à supérieur avancé, se référant à celle du Conseil de l'Europe.

A. Les trois épreuves obligatoires

Elles se présentent sous la forme d'un questionnement à choix multiple comportant **80 items au total**, parmi lesquels une seule réponse est correcte parmi les choix proposés. Les items sont présentés dans un ordre de difficulté progressive.

1. Compréhension orale (30 items, 25 minutes)

Les items testent la capacité du candidat à comprendre le français parlé et en particulier :
– des mots familiers et des expressions courantes dans des situations de communication quotidienne (dialogue, interviews, entretiens, discussions au téléphone, etc.) ;
– les informations essentielles transmises dans des messages et des annonces simples et claires ;
– des informations portant sur des personnes, des faits ou des événements dans des émissions de radio sur l'actualité ou sur des sujets personnels ou professionnels ;
– des exposés traitant de sujets concrets ou abstraits ;
– tout type de discours prononcés à un débit rapide.

2. Maîtrise des structures de la langue (20 items, 20 minutes)

Les items testent la capacité à :
– repérer les erreurs ;
– choisir les formulations correctes dans des structures syntaxiques et lexicales.

Les structures sont toujours associées à des situations de communication et à des contextes allant, selon les niveaux, de familiers à abstraits.

3. Compréhension écrite (30 items, 45 minutes)

Les questions testent la capacité du candidat à comprendre :
– des noms familiers, des mots et des phrases très simples utilisés dans des situations de communication (messages et lettres amicales ou administratives) ;
– des informations contenues dans des documents courants (petites annonces, prospectus, menus et horaires, etc.) ;
– des informations portant sur des personnes, des faits ou des événements (lettres personnelles) ;
– des textes en langue courante relatifs à la vie quotidienne ou au travail ;
– des articles et des comptes rendus dans lesquels les auteurs prennent position sur des sujets concrets ou abstraits ;
– des textes factuels ou littéraires longs et complexes, des articles spécialisés ;
– des textes abstraits ou complexes extraits d'ouvrages, d'articles spécialisés, d'œuvres littéraires.

B. Les épreuves complémentaires

L'ordre des épreuves complémentaires (expression écrite et expression orale) est arrêté par le centre de passation agréé TCF.

1. Expression orale (entretien d'environ 15 minutes)

La passation de l'épreuve d'expression orale se fait individuellement sous la forme d'un entretien.

Cette épreuve ne nécessite aucun temps de préparation préalable.

Les questions posées se répartissent sur une échelle de six niveaux, d'élémentaire à supérieur avancé, et testent, pour chaque niveau, les capacités qu'un candidat est supposé maîtriser.

L'entretien est enregistré sur une cassette qui est transmise au CIEP à la fin de la session.

Le candidat est évalué sur sa capacité à :
– décrire son lieu d'habitation et les gens qu'il connaît ;
– décrire des personnes, parler de ses conditions de vie, de son activité professionnelle ou académique actuelle ou récente ;
– raconter des histoires, des expériences, des événements et des projets, donner des explications sur un projet ou une idée, raconter l'intrigue d'un livre ou d'un film et exprimer ses réactions ;
– donner son opinion et expliquer les avantages et inconvénients d'un projet, exprimer son accord et son désaccord ;
– présenter une description ou une argumentation claire et structurée dans un style approprié au contexte ;
– présenter de façon détaillée et structurée des sujets complexes, les développer et conclure.

2. Expression écrite (exercices d'une durée de 1 h 45)

Cette épreuve comprend six exercices que le candidat doit faire impérativement :
– rédaction d'un message simple et personnel : carte postale, post-it… (environ 40 mots) ;
– rédaction d'une lettre personnelle portant sur des situations de la vie quotidienne, impliquant l'utilisation d'un registre courant, voire familier (environ 60 mots) ;

– rédaction d'un compte rendu d'expérience, d'un récit, exposé d'une opinion (environ 80 mots) ;
– rédaction d'un texte, dans lequel seront développés points de vue et argumentations (environ 100 mots) ;
– rédaction, à partir d'un fait de société, d'un argumentaire clair et détaillé cherchant à convaincre le destinataire (100 à 125 mots) ;
– rédaction d'un compte rendu de texte ou d'une synthèse de plusieurs documents (environ 100 mots).

Le candidat est évalué sur sa capacité à :
– communiquer un message de façon claire ;
– donner les informations demandées ;
– enchaîner des idées et faire preuve de cohérence dans son discours ;
– exprimer son avis et l'argumenter ;
– utiliser un éventail de vocabulaire en relation avec la tâche demandée ;
– faire preuve de la maîtrise de structures complexes ;
– faire preuve d'un esprit de synthèse et de la capacité à reformuler avec ses propres mots.

Ces deux épreuves peuvent être liées au DELF et au DALF.

ACTIVITÉS D'ENTRAÎNEMENT

Compréhension orale

Section 1 : Niveau 1

Cette section est composée d'images. Pour chaque image, vous allez entendre 4 phrases. Vous devez choisir la phrase qui correspond le mieux à la situation proposée sur l'image en mettant une croix dans la case correspondante. Vous n'entendrez les phrases qu'une seule fois. Pour vérifier si vous avez choisi la bonne réponse, consultez les corrigés.

1

- ☐ A.
- ☐ B.
- ☐ C.
- ☐ D.

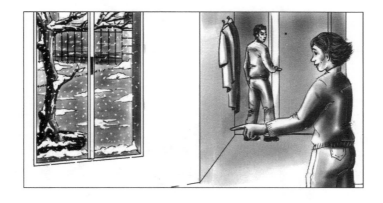

2

- ☐ A.
- ☐ B.
- ☐ C.
- ☐ D.

3

- ☐ A.
- ☐ B.
- ☐ C.
- ☐ D.

4

☐ A.
☐ B.
☐ C.
☐ D.

5

☐ A.
☐ B.
☐ C.
☐ D.

6

☐ A.
☐ B.
☐ C.
☐ D.

Section 2 : Niveau 2

Cette section est composée de questions et d'annonces. Vous allez entendre une question, ou une annonce suivie d'une question, et 4 réponses. Vous devez choisir la réponse qui correspond le mieux à la question posée en mettant une croix dans la case correspondante. Vous n'entendrez la question et les réponses qu'une seule fois. Pour vérifier si vous avez choisi la bonne réponse, consultez les corrigés.

7

- ☐ A.
- ☐ B.
- ☐ C.
- ☐ D.

8

- ☐ A.
- ☐ B.
- ☐ C.
- ☐ D.

9

- ☐ A.
- ☐ B.
- ☐ C.
- ☐ D.

10

- ☐ A.
- ☐ B.
- ☐ C.
- ☐ D.

11

- ☐ A.
- ☐ B.
- ☐ C.
- ☐ D.

12

- ☐ A.
- ☐ B.
- ☐ C.
- ☐ D.

Section 3 : Niveaux 3 et 4

Cette section est composée de conversations. Chaque conversation est suivie d'une ou de deux questions. Vous n'entendrez la conversation et la (ou les) question(s) qu'une seule fois. Lisez les réponses écrites et cochez la case correspondante. Pour vérifier si vous avez choisi la bonne réponse, consultez les corrigés.

Niveau 3

13

- ☐ A. Au bord de la mer.
- ☐ B. À la montagne.
- ☐ C. Dans un centre de loisirs.
- ☐ D. Au camping.

14

- ☐ A. Elle raconte ses vacances à un ami.
- ☐ B. Elle va partir en vacances dans quelques jours.
- ☐ C. Elle prépare ses prochaines vacances.
- ☐ D. Elle va passer ses vacances en Espagne.

15

☐ A. Il a fait ses devoirs.

☐ B. Il a passé l'aspirateur.

☐ C. Il a trié ses livres.

☐ D. Il a rangé sa chambre.

16

☐ A. Faire de la course à pied.

☐ B. Aller à la piscine.

☐ C. Faire de la bicyclette.

☐ D. Se promener en forêt.

17

☐ A. De fêter Nouvel An à la montagne.

☐ B. D'aller chez des amis pour les fêtes.

☐ C. De passer Noël en famille.

☐ D. De passer la soirée en discothèque.

18

☐ A. Le couple a acheté un nouvel appartement.

☐ B. Le couple a décidé de vendre son appartement.

☐ C. Le couple est à la recherche d'un appartement.

☐ D. Le couple va visiter d'autres appartements.

19

☐ A. D'un menuisier.

☐ B. D'un plombier.

☐ C. D'un mécanicien.

☐ D. D'un déménageur.

20

☐ A. En train.

☐ B. En bus.

☐ C. En avion.

☐ D. En voiture.

21

- [ ] A. Il se présente à la réception.
- [ ] B. Il va dans la chambre directement.
- [ ] C. Il exige des draps et des oreillers.
- [ ] D. Il donne un horaire pour le réveil.

22

- [ ] A. Elle lui demande sa carte d'identité.
- [ ] B. Elle lui propose un rendez-vous.
- [ ] C. Elle lui refuse l'accès au bureau.
- [ ] D. Elle lui indique quel est le chemin.

23

- [ ] A. L'enfant n'a pas encore fini son travail.
- [ ] B. La mère propose de l'aide à son fils.
- [ ] C. L'enfant souhaite trouver la solution seul.
- [ ] D. La mère n'a pas autorisé son fils à manger.

24

- [ ] A. Il apprend que la femme va se marier cet hiver.
- [ ] B. Il apprend que la femme va épouser son meilleur ami.
- [ ] C. Il apprend qu'il ne recevra pas de carton d'invitation.
- [ ] D. Il apprend la date du mariage de la femme.

25

- [ ] A. Elle refuse de l'adopter.
- [ ] B. Elle en prendra bien soin.
- [ ] C. Elle accepte de le prendre.
- [ ] D. Elle décide de l'abandonner.

26

- [ ] A. Elle part cet après-midi.
- [ ] B. Elle demande les horaires.
- [ ] C. Elle prend un aller simple.
- [ ] D. Elle réserve une couchette.

27

- ☐ A. Se méfier du temps.
- ☐ B. S'habiller à la mode.
- ☐ C. Consulter un médecin.
- ☐ D. Vérifier ses vêtements.

28

- ☐ A. Ils s'inscrivent tout de suite.
- ☐ B. Ils demandent un prospectus.
- ☐ C. Ils formulent une réclamation.
- ☐ D. Ils donnent leurs coordonnées.

Niveau 4

29

1.
- ☐ A. Un voisin de palier.
- ☐ B. Le concierge de l'immeuble.
- ☐ C. La femme de chambre.
- ☐ D. Un ami de longue date.

2.
- ☐ A. Suspect.
- ☐ B. Victime.
- ☐ C. Témoin.
- ☐ D. Complice.

30

1.
- ☐ A. Elle est méprisante.
- ☐ B. Elle est indignée.
- ☐ C. Elle est enthousiaste.
- ☐ D. Elle est menaçante.

2.
- ☐ A. Du matériel biologique.
- ☐ B. Des déchets industriels.
- ☐ C. Des personnes.
- ☐ D. Des effets personnels.

31

1.

☐ A. En lisant un livre.

☒ B. En consultant un journal.

☐ C. En regardant la télévision.

☐ D. En écoutant la radio.

2.

☐ A. Tous les tests de cosmétiques sur les animaux seront suspendus.

☐ B. Les tests les moins dangereux continueront à être pratiqués.

☒ C. Seuls trois tests de toxicité resteront toujours en vigueur.

☐ D. Seuls les tests oculaires pratiqués sur les lapins seront interdits.

32

1.

☐ A. Assureur.

☐ B. Boulanger.

☐ C. Bûcheron.

☐ D. Agriculteur.

2.

☐ A. Il s'est développé.

☐ B. Il a diminué.

☐ C. Il a disparu.

☐ D. Il est resté stable.

33

1.

☐ A. La chimie.

☐ B. L'histoire.

☐ C. L'informatique.

☐ D. La médecine.

2.

☐ A. Elle vient voir ses parents.

☐ B. Elle vient rendre visite à un ami.

☐ C. Elle vient passer des vacances.

☐ D. Elle vient pour son travail.

34

1.

- [ ] A. Parce qu'il avait oublié son billet.
- [x] B. Parce qu'il s'est trompé de gare.
- [ ] C. Parce qu'il n'avait pas de réservation.
- [ ] D. Parce qu'il s'est trompé d'horaire.

2.

- [x] A. Il veut échanger son billet de train.
- [ ] B. Il veut acheter un billet de train.
- [ ] C. Il veut vendre son billet de train.
- [ ] D. Il veut se faire rembourser son billet de train.

35

1.

- [ ] A. Une voiture.
- [ ] B. Un voyage.
- [ ] C. Une somme d'argent.
- [ ] D. Un dictionnaire.

2.

- [ ] A. L'histoire.
- [ ] B. La philosophie.
- [ ] C. La littérature.
- [ ] D. La science.

36

1.

- [ ] A. Une bague.
- [ ] B. Un châle.
- [ ] C. Un aspirateur.
- [ ] D. Un manteau.

2.

- [ ] A. Pour Noël.
- [ ] B. Pour un anniversaire.
- [ ] C. Pour des fiançailles.
- [ ] D. Pour un mariage.

37

1.

☐ A. Elle vient déposer plainte contre le magasin.

☐ B. Elle réclame le papier de garantie.

☐ C. Elle exprime sa totale satisfaction.

☐ D. Elle désire la réparation totale de l'article.

2.

☐ A. Le service après-vente ne reçoit aucune réclamation.

☐ B. Le magasin s'engage à reprendre les appareils défectueux.

☐ C. Le service étant fermé, il est impossible de réparer la panne.

☐ D. Le vendeur ne prend pas la responsabilité d'examiner l'appareil.

38

1.

☐ A. Ils assisteront ce soir à un match de basket.

☐ B. Ils choisissent un concert de musique.

☐ C. Ils assisteront à une séance de cinéma.

☐ D. Ils sortent voir une pièce de théâtre.

2.

☐ A. Elles se donnent rendez-vous pour le lendemain.

☐ B. Elles se séparent pour se rejoindre le soir.

☐ C. Elles se rendent tout de suite au cinéma.

☐ D. Elles se rejoignent tout près du théâtre.

39

1.

☐ A. Emprunter un seul livre.

☐ B. Consulter plusieurs sources.

☐ C. Examiner d'abord les documents papier.

☐ D. Travailler sur un thème précis.

2.

☐ A. Il lui fournit très peu d'indications.

☐ B. Il lui fait visiter la bibliothèque.

☐ C. Il lui propose une recherche Internet.

☐ D. Il lui suggère d'autres supports.

40

1.

☐ A. Il a déjà fait son choix.

☐ B. Il refuse tous ses conseils.

☐ C. Il accepte sa proposition.

☐ D. Il ne l'écoute pas.

2.

☐ A. Il les achète toutes les deux.

☐ B. Il choisit la deuxième.

☐ C. Il n'en prend aucune.

☐ D. Il prend la première.

41

1.

☐ A. La réparation n'est pas finie.

☐ B. Il faut une révision générale.

☐ C. La peinture est à refaire.

☐ D. La voiture est disponible.

2.

☐ A. De baisser la facture.

☐ B. De lui payer le train.

☐ C. De lui prêter une voiture.

☐ D. De lui donner des clés.

42

1.

☐ A. Elle travaillait dans un magasin.

☐ B. Elle n'occupait aucun emploi.

☐ C. Elle servait dans un bistrot.

☐ D. Elle n'avait aucun employeur.

2.

☐ A. Elle ne peut pas poser ses congés.

☐ B. Elle peut débuter dans peu de temps.

☐ C. Elle n'est pas libre pour l'instant.

☐ D. Elle peut se libérer plus tard.

43

1.

☐ A. Elle ne part pas en vacances.

☐ B. Elle va faire du ski alpin.

☐ C. Elle prend trois semaines.

☐ D. Elle ne reste pas en France.

2.

☐ A. Elle participe à des excursions.

☐ B. Elle part en voyage organisé.

☐ C. Elle choisit un séjour sportif.

☐ D. Elle visite la région bretonne.

44

1.

☐ A. Il est soupçonné de vol.

☐ B. Il se déclare coupable.

☐ C. Il fournit un bon alibi.

☐ D. Il présente le verdict.

2.

☐ A. Dans une prison.

☐ B. Dans un magasin.

☐ C. Dans un tribunal.

☐ D. Dans une cour.

Section 4 : Niveaux 5 et 6

Cette section est composée d'extraits de documents radiophoniques. Chaque extrait est suivi d'une ou de deux questions. Vous n'entendrez les extraits radiophoniques et la (ou les) question(s) qu'une seule fois. Lisez les réponses écrites et cochez la case correspondante. Pour vérifier si vous avez choisi la bonne réponse, consultez les corrigés.

Niveau 5

45

1.

☐ A. Elle est déposée dans une église en hommage à la Sainte Vierge.

☐ B. Elle est destinée à nourrir les mendiants le jour de l'Épiphanie.

☐ C. On la garde en souvenir des hommes morts sous les drapeaux.

☐ D. C'est une portion qui est destinée aux absents ou aux nécessiteux.

2.

☐ A. Offrir un nouveau gâteau des Rois.

☐ B. Cuisiner soi-même une nouvelle galette.

☐ C. Trouver la fève dans une autre galette.

☐ D. Organiser une fête pour son couronnement.

46

1.

☐ A. Elle est entièrement d'accord.

☐ B. Elle émet des réserves.

☐ C. Elle rejette cette loi.

☐ D. Elle refuse de l'appliquer.

2.

☐ A. est le même qu'en écoutant des émissions radiophoniques.

☐ B. est moins important que de converser avec un passager.

☐ C. est négligeable et sans gravité pour la sécurité des automobilistes.

☐ D. est plus risqué que de parler avec un passager ou d'écouter la radio.

47

1.

☐ A. Comment réussir des photos.

☐ B. Comment fonctionne un appareil photo.

☐ C. Comment est conçu un appareil photo.

☐ D. Comment fabriquer un appareil photo.

2.

☐ A. Laisser la photo longtemps exposée à la lumière du jour.

☐ B. Faire les manipulations dans le noir complet.

☐ C. Plonger la photo longtemps dans un bain de fixateur.

☐ D. Attendre 15 minutes avant de plonger la photo dans le révélateur.

48

1.

☐ A. Ils sont chaleureux.

☐ B. Ils sont accueillants.

☐ C. Ils sont sociables.

☐ D. Ils sont individualistes.

2.

☐ A. Ils font du sport et leurs courses.

☐ B. Ils exercent leur profession.

☐ C. Ils se promènent dans les parcs.

☐ D. Ils restent seuls à la maison.

49

1.

☐ A. Les bus et les trains.

☐ B. Les voitures et les déchets.

☐ C. Les usines et le nucléaire.

☐ D. Les détergents et les lessives.

2.

☐ A. Limiter la surconsommation.

☐ B. Améliorer la qualité de l'eau.

☐ C. Préserver l'environnement.

☐ D. Réduire la circulation.

50

1.

☐ A. Ils préfèrent déjeuner sur leur lieu de travail.

☐ B. Ils n'ont plus le temps de manger à la maison.

☐ C. Ils se rendent plus souvent au restaurant.

☐ D. Ils déjeunent tranquillement à la cantine.

2.

☐ A. Ils demeurent exclusivement attachés aux traditions.

☐ B. Ils découvrent timidement les nouveaux plats.

☐ C. Ils intègrent «l'exotisme» dans leurs habitudes.

☐ D. Ils abandonnent complètement la cuisine française.

51

1.

☐ A. L'architecte a imposé tous ses plans.

☐ B. La Mairie a consulté seulement les associations.

☐ C. Les habitants ont participé à un référendum.

☐ D. Tout le monde a exprimé son opinion.

2.

☐ A. Elle accueille avec joie les nouveautés.

☐ B. Elle ne supporte pas l'architecte.

☐ C. Elle reste un peu nostalgique.

☐ D. Elle ne veut rien changer aux usines.

Niveau 6

52

1.

☐ A. Pour se nourrir.

☐ B. Pour se développer.

☐ C. Pour être à l'abri.

☐ D. Pour se camoufler.

2.

☐ A. Les têtards.

☐ B. Les prédateurs.

☐ C. Les engrais.

☐ D. Les batraciens.

53

1.

☐ A. les maladies incurables.

☐ B. la reproduction.

☐ C. la fécondation *in vitro*.

☐ D. les embryons humains.

2.

☐ A. Ils ont décidé de poursuivre leurs recherches afin de rattraper les autres pays.

☐ B. Ils ont décidé d'abandonner la recherche sur le clonage humain thérapeutique.

☐ C. Ils ont décidé de partir à l'étranger pour continuer leurs recherches.

☐ D. Ils ont décidé d'orienter leurs recherches sur le clonage humain reproductif.

54

1.

☐ A. Ils devraient éteindre la télévision.

☐ B. Ils devraient sélectionner les programmes.

☐ C. Ils devraient en parler avec lui.

☐ D. Ils devraient le laisser regarder.

2.

☐ A. En diffusant des films plus tard dans la soirée.

☐ B. En réduisant le temps passé devant le petit écran.

☐ C. En supprimant une partie des publicités quotidiennes.

☐ D. En changeant les horaires des actualités.

55

1.

☐ A. Les Français sont encore peu habitués aux médicaments génériques.

☐ B. Les médecins refusent de prescrire des médicaments génériques.

☐ C. Les Français utilisent de moins en moins de médicaments génériques.

☐ D. Les médicaments génériques se sont beaucoup développés.

2.

☐ A. Ils peuvent être achetés sans ordonnance en pharmacie.

☐ B. Ils sont mieux remboursés que les médicaments originaux.

☐ C. Ils sont plus efficaces que les médicaments originaux.

☐ D. Ils permettent de faire des économies considérables.

56

1.

☐ A. Sous forme de salle de concert.

☐ B. En plusieurs pièces par date.

☐ C. C'est un parcours par thème.

☐ D. À travers les thèmes des films.

2.

☐ A. Musicien.

☐ B. Acteur.

☐ C. Chanteur.

☐ D. Politicien.

57

1.

☐ A. Ils sont préoccupés.

☐ B. Ils sont enthousiastes.

☐ C. Ils sont dubitatifs.

☐ D. Ils sont indignés.

2.

☐ A. La peur de la nouveauté.

☐ B. La concurrence des médias.

☐ C. Le manque d'intérêt.

☐ D. La baisse des crédits.

58

1.

☐ A. Plus de confort à bord.

☐ B. Des billets à prix réduit.

☐ C. Des vols plus rapides.

☐ D. Des plateaux-repas copieux.

2.

☐ A. L'assurance est comprise dans le prix du billet.

☐ B. Toutes les correspondances sont garanties.

☐ C. Les billets réservés sont échangeables.

☐ D. Il n'y a pas d'assurance pour les bagages.

Structures de la langue

Niveau 1

Lisez bien chaque question. Vous devez choisir une seule réponse en mettant une croix dans la case correspondante. Pour vérifier si vous avez choisi la bonne réponse, consultez les corrigés.

59

« *Les garçons ! Qu'est-ce que vous … ?*
– On est en train de jouer aux jeux vidéo ! »

- ☐ A. faisons
- ☐ B. font
- ☐ C. fait
- ☑ D. faites

60

« *Tu veux du citron sur ton poisson ?*
– Non merci, je déteste ça ! Je trouve cela trop … »

- ☐ A. sucré.
- ☐ B. salé.
- ☑ C. acide.
- ☐ D. amer.

61

« *Si tu vas à la poste, n'oublie pas d'acheter … »*

- ☑ A. des timbres.
- ☐ B. des fleurs.
- ☐ C. des livres.
- ☐ D. des oranges.

62

« *Je pense partir à Lyon … train.* »

- ☐ A. avec le
- ☐ B. sur
- ☐ C. dans le
- ☑ D. en

63

« Tu as mis assez d'argent dans … ? Je ne veux pas avoir d'amende.
– J'ai mis 2 euros pour deux heures, c'est suffisant. »

- ☒ A. l'horodateur
- ☐ B. l'horoscope
- ☐ C. le compteur
- ☐ D. le comptoir

64

« Je suis végétarienne, je ne mange pas … »

- ☐ A. de poisson.
- ☒ B. de viande.
- ☐ C. d'œufs.
- ☐ D. de légumes.

65

« Je … souviens de cette photo avec toute la famille. »

- ☐ A. te
- ☒ B. me
- ☐ C. nous
- ☐ D. se

66   poss. adjectives

« Marc et Annie sont absents pour le moment, mais … frère se trouve disponible. »

- ☐ A. leur
- ☒ B. son
- ☐ C. sa
- ☐ D. ses

Niveau 3

Lisez bien chaque question. Vous devez choisir une seule réponse en mettant une croix dans la case correspondante. Pour vérifier si vous avez choisi la bonne réponse, consultez les corrigés.

67

« Apportez-… le rapport financier de l'année dernière, s'il vous plaît. J'en ai besoin immédiatement.
– Tout de suite, monsieur le Directeur. »

- [ ] A. me
- [x] B. moi
- [ ] C. vous
- [ ] D. lui

68 comparatives.

«Je suis sûr que je vais te battre aux échecs. Je suis … que toi !
– On verra bien ! »

- [ ] A. meilleur
- [ ] B. le meilleur
- [x] C. mieux
- [ ] D. le mieux

69

« Tu peux m'emmener au cinéma en voiture ? C'est la grève des bus aujourd'hui.
– Désolé, mais elle est au garage. … doit la réparer. »

- [x] A. Le mécanicien
- [ ] B. Le plombier
- [ ] C. Le menuisier
- [ ] D. L'électricien

70

« Tiens, tu ne portes plus de lunettes ?
– Non, maintenant j'ai des … »

- [ ] A. loupes.
- [ ] B. jumelles.
- [x] C. lentilles.
- [ ] D. endives.

71

«Tu as vu la pièce de théâtre "Un grand cri d'amour" ? Franchement, ça vaut le coup ! C'est un bon moment de rigolade !
— Tu parles de cette pièce mise en scène par Josiane Balasko ? Ah oui ! Elle a remporté un grand ... »

- [ ] A. échec.
- [ ] B. exploit.
- [x] C. succès.
- [ ] D. navet.

72

«Je ne supporte plus ce film, il est vraiment trop violent. Passe-moi ... , je vais changer de chaîne. »

- [ ] A. le satellite
- [ ] B. l'appareil
- [x] C. la télécommande
- [ ] D. le programme

73

« Qu'est-ce que tu fais demain ? Tu t'es décidé ?
— Je ne sais pas encore si je me rends à l'exposition de peinture, ou peut-être ... au cinéma. »

- [ ] A. je vais
- [x] B. j'irai
- [ ] C. j'irais
- [ ] D. j'allais

74

passé composé + obj. before verb.

« Quelle excellente salade de fruits, je l'ai entièrement ... »

- [x] A. mangé.
- [ ] B. mangée.
- [ ] C. manger.
- [ ] D. mangés.

Lisez bien chaque question. Vous devez choisir une seule réponse en mettant une croix dans la case correspondante. Pour vérifier si vous avez choisi la bonne réponse, consultez les corrigés.

75

« Comment ! Vous n'avez toujours pas fini le dossier de demande de subvention !
—Je suis vraiment désolée monsieur, mais j'ai dû répondre au téléphone toute la matinée …
je n'ai pas pu le finir. »

- [ ] A. parce que
- [x] B. puisque
- [ ] C. alors que
- [ ] D. si bien que

76

« Dorothée, quelle ville a été ensevelie par … du Vésuve ?
—Pompéi. »

- [ ] A. l'irruption
- [x] B. l'éruption
- [ ] C. l'irradiation
- [ ] D. l'irritation

77

« Hier, il a neigé … cinq heures, toutes les routes étaient bloquées.
—Je sais bien, j'étais dans ma voiture ! »

- [ ] A. il y a
- [x] B. pendant
- [ ] C. depuis
- [ ] D. en

78

« Il faut absolument nettoyer la cheminée si on veut faire un feu. Elle est pleine de …
—Je vais appeler un ramoneur. »

- [x] A. cambouis.
- [ ] B. sciure.
- [ ] C. suie. scier
- [ ] D. goudron.

79

« Quel salaire touchez-vous … mois ? »

☑ A. par
☐ B. pour
☐ C. de
☐ D. en

80

« Prière … la disquette dans l'ordinateur. »

☐ A. d'ouvrir
☐ B. d'allumer
☑ C. d'insérer
☐ D. d'inclure

81

soumettre à *look up prep. that go with certain verbs.*

« La société … j'ai soumis mon projet a accepté de m'accorder les financements. »

☑ A. laquelle
☐ B. pour qui
☐ C. dont
☐ D. à laquelle

82

« Les supporters de l'équipe nationale hurlent de joie lorsque les joueurs … un but. »

☐ A. perdent
☑ B. marquent
☐ C. prennent
☐ D. gagnent

Lisez bien chaque question. Vous devez choisir une seule réponse en mettant une croix dans la case correspondante. Pour vérifier si vous avez choisi la bonne réponse, consultez les corrigés.

83

*« Pourriez-vous laisser les clés du bureau à la secrétaire ? J'en aurai besoin demain.
— Bien sûr, je … laisserai ce soir en partant. »*

- ☐ A. les leur
- ☐ B. le leur
- ☐ C. la lui
- ☑ D. les lui

84

« Isabelle avait des problèmes d'argent et Paul lui en a prêté alors qu'il n'est pas très riche. Il a vraiment le cœur sur la main ! »

«Avoir le cœur sur la main» signifie :

- ☐ A. Être dépensier.
- ☐ B. Être une personne malhonnête.
- ☐ C. Être digne de confiance.
- ☐ D. Être généreux.

85

*« Il faut que tu … voir un dentiste de toute urgence, tu ne peux pas rester avec une dent cariée.
— Je sais, j'ai pris rendez-vous pour mardi prochain. »*

- ☐ A. vas
- ☐ B. ailles
- ☐ C. iras
- ☐ D. allais

86

« Les comédiens attendaient dans … du théâtre et se préparaient pour leur entrée en scène. »

- ☐ A. les couloirs
- ☐ B. les coulisses
- ☐ C. les coulis
- ☐ D. les coulées

87

« *Impossible de joindre Thierry au téléphone aujourd'hui ; … j'ai réussi à laisser un message à son attention auprès de sa secrétaire au travail !* »

- ☐ A. en revanche
- ☐ B. pourtant
- ☐ C. puisque
- ☐ D. en effet

88

« *Le pharmacien a déclaré que cette cliente lui … une ordonnance falsifiée.* »

- ☐ A. ait remis
- ☐ B. a remis
- ☐ C. remît
- ☐ D. eût remis

89

« *… de cet étudiant face à son enseignant sera sévèrement sanctionnée.* »

- ☐ A. La gratitude
- ☐ B. L'amabilité
- ☐ C. L'insolence
- ☐ D. La sensibilité

90

« *Le directeur envisage … des candidats possédant une expérience professionnelle de trois ans au minimum.* »

- ☐ A. de recruter
- ☐ B. de licencier
- ☐ C. d'enregistrer
- ☐ D. d'occuper

Niveau 6

Lisez bien chaque question. Vous devez choisir une seule réponse en mettant une croix dans la case correspondante. Pour vérifier si vous avez choisi la bonne réponse, consultez les corrigés.

91

« … fasse froid, nous irons faire une promenade pour nous aérer.
– Eh bien moi, je ne veux pas y aller ! »

☐ A. Pourvu qu'il
☐ B. Alors qu'il
☐ C. Même s'il
☐ D. Bien qu'il

92

« Maman ! Le pneu de mon vélo est crevé !
– Écoute, je ne peux pas m'occuper de cela maintenant, j'ai d'autres chats à fouetter ! Va voir ton père. »

« Avoir d'autres chats à fouetter » signifie :

☐ A. Maltraiter les animaux.
☐ B. Être en train de travailler.
☐ C. Avoir autre chose à faire.
☐ D. Ne pas être intéressé.

93

« Papa ! J'ai trouvé un … de terre sous une pierre !
– Viens, on va le mettre dans une boîte et on l'utilisera pour pêcher cette après-midi. »

☐ A. verre
☐ B. ver
☐ C. vert
☐ D. vers

94

« Tu te rends compte, si je … le cours de danse africaine cette année-là, je n'aurais pas rencontré Sébastien.
– On peut dire que tu as eu de la chance ! »

☐ A. ne suivais pas
☐ B. ne suivrais pas
☐ C. n'aurait pas suivi
☐ D. n'avais pas suivi

95

« Je n'avais l'autorisation d'aller au cinéma que si ma chambre était rangée et maintenant je suis dans de sales draps car je n'ai rien fait et mes parents vont s'en apercevoir ! »

« Être dans de sales draps » signifie :
- ☐ A. Dormir dans des draps souillés.
- ☐ B. Ne pas savoir faire son lit.
- ☐ C. Être dans une situation embarrassante.
- ☐ D. Se faire du souci pour quelqu'un.

96

« La … économique n'est pas favorable en ce moment. Nous ne pouvons embaucher personne. »

- ☐ A. conjonction
- ☐ B. conjecture
- ☐ C. congestion
- ☐ D. conjoncture

97

« Elle lui a intenté un procès pour une vulgaire histoire d'argent. Et dire … considérait comme une sœur ! »

- ☐ A. qu'il l'a
- ☐ B. qu'il la
- ☐ C. qui l'a
- ☐ D. qui la

98

« L'insolence … vous avez fait preuve vous vaudra une sévère punition ! »

- ☐ A. à laquelle
- ☐ B. auxquels
- ☐ C. dont
- ☐ D. que

Compréhension écrite

Niveau 1

Lisez bien chaque question. Vous devez choisir une seule réponse en mettant une croix dans la case correspondante. Pour vérifier si vous avez choisi la bonne réponse, consultez les corrigés.

99

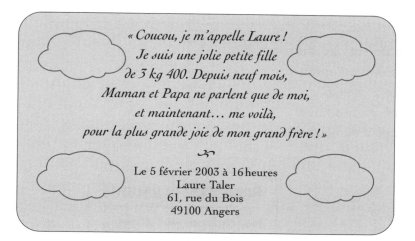

« Coucou, je m'appelle Laure !
Je suis une jolie petite fille
de 3 kg 400. Depuis neuf mois,
Maman et Papa ne parlent que de moi,
et maintenant… me voilà,
pour la plus grande joie de mon grand frère ! »

Le 5 février 2003 à 16 heures
Laure Taler
61, rue du Bois
49100 Angers

1. Que représente ce document ?

☐ A. une carte de visite.

☐ B. un carton d'invitation.

☐ C. un faire-part de naissance.

☐ D. une petite annonce.

2. L'objectif de ce document est de…

☐ A. déclarer une naissance officiellement.

☐ B. donner des nouvelles des enfants.

☐ C. inviter à l'anniversaire d'une petite fille.

☐ D. annoncer la venue au monde d'un bébé.

100

Jeune fille étudiante garde enfants
et/ou donne cours de mathématiques.
Vous pouvez me contacter tous les jours
à partir de 17 heures au 01 36 12 47 79.

Quel est l'objectif de l'annonce ?

☐ A. Chercher un logement.

☐ B. Trouver un professeur.

☐ C. Proposer des services.

☐ D. Rencontrer des amis.

101

La réunion pour la présentation de la nouvelle équipe marketing aura lieu dans la grande salle au 2ᵉ étage
(et non au 1ᵉʳ étage comme annoncé).

L'heure reste inchangée.

Cette note de service informe que...

☐ A. la réunion est annulée.
☐ B. la salle a changé.
☐ C. l'heure est modifiée.
☐ D. l'équipe a déménagé.

102

Respectez la nature !

Ne jetez pas vos papiers,
ne cueillez pas les fleurs.
Chiens interdits.

Où peut-on trouver ce panneau?

☐ A. En centre-ville.
☐ B. Dans un jardin privé.
☐ C. En montagne.
☐ D. Sur une plage.

103

N'oubliez pas d'insérer votre ticket dans la borne avant de monter dans le bus.

Que signifie ce panneau?

☐ A. Il faut se présenter au conducteur.
☐ B. Il faut valider son ticket.
☐ C. Il faut s'asseoir dans le bus.
☐ D. Il faut payer un abonnement.

Lisez bien chaque question. Vous devez choisir une seule réponse en mettant une croix dans la case correspondante. Pour vérifier si vous avez choisi la bonne réponse, consultez les corrigés.

104

> DÉPART DE L'AUTOBUS POUR
> VIERZON : VOIE N°5 À 17 H 30.
> STATIONS DESSERVIES :
> MARCILLY, LA FERTÉ SAINT
> AUBIN, LAMOTTE BEUVRON.

Qu'est-ce qui est annoncé ?

- [ ] A. Une correspondance.
- [ ] B. Un retard.
- [ ] C. Un changement de voie.
- [ ] D. Des arrêts.

105

> BERTIN ET Cie
>
> Le *17 juin*
> *18 h 30*
>
> *Le photocopieur est tombé en panne.*
> *Adressez d'urgence un message au service*
> *de maintenance de Xirox pour une remise*
> *en état. Il faut absolument que je fasse des*
> *photocopies du dossier Menlor pour demain*
> *soir (20 heures).*
>
> *G. Lourod*

1. À qui est adressé ce document ?

- [ ] A. À une amie.
- [ ] B. À un réparateur.
- [ ] C. À une secrétaire.
- [ ] D. À un directeur.

2. Quel est l'objectif du message ?

- [ ] A. Prévenir le réparateur.
- [ ] B. Faire des photocopies.
- [ ] C. Prévenir le service du ménage.
- [ ] D. Prendre un rendez-vous.

106

LE RÉPONDEUR-ENREGISTREUR TÉLÉPHONE MODULOPHONE ML 954

Fonction téléphone : Touche pour rappel du dernier numéro composé.
Touche secret. Support amovible.
Fonction répondeur : monocassette.
Enregistrement de l'annonce numérique, la cassette n'étant utilisée que pour les messages des correspondants.
Temps d'annonce : 16 secondes.
Durée maximale des messages : 4 minutes.
Filtrage des appels.

Blanc	Réf. 2570 738	Prix : 150 euros
Anthracite	Réf. 2578 759	Prix : 150 euros

Livré avec une cassette
2 x 30 min et 1 pile 9 V.
L/H/P : 30 x 24 x 7 cm.
Garantie 1 an
antenne CAMIF

Quelle est la fonction essentielle de la cassette ?

- [ ] A. Filtrer les appels.
- [ ] B. Rappeler le dernier numéro.
- [ ] C. Enregistrer les messages.
- [ ] D. Utiliser la touche secret.

107

Festival de Musiques et de Danses folkloriques en Bretagne.

Nous invitons tous les groupes à se présenter à l'office du tourisme pour les inscriptions. Un concours sera organisé pour récompenser la meilleure prestation. Un voyage au Mexique récompensera le groupe portant les plus beaux costumes.

Remerciements au Conseil Régional, qui soutient cette manifestation.

Quelles sont les conditions pour participer à ce concours ?

- [ ] A. Il suffit de se présenter le jour du concours.
- [ ] B. Il faut seulement savoir chanter.
- [ ] C. Il est nécessaire de s'inscrire.
- [ ] D. Il faut être invité par le conseil régional.

108

Pour l'utilisation de la machine automatique, suivez les étapes:

① Vérifiez que vous avez bien fermé la porte et que la lessive se trouve dans le compartiment.

② Insérez la somme demandée.

③ Sélectionnez le numéro de votre machine.

La durée d'une lessive est d'environ 45 minutes.

Même procédure pour le sèche-linge.

Quelle est la fonction de ce panneau?

☐ A. Expliquer un fonctionnement.

☐ B. Indiquer le prix d'une lessive.

☐ C. Prévenir de la fermeture de la porte.

☐ D. Sélectionner un programme.

Niveau 3

Lisez bien chaque question. Vous devez choisir une seule réponse en mettant une croix dans la case correspondante. Pour vérifier si vous avez choisi la bonne réponse, consultez les corrigés.

109

1. À qui est adressé le document?

☐ A. À un cabinet d'avocats.

☐ B. À la banque.

☐ C. À un service de consommateurs.

☐ D. À la poste.

2. Quel est l'objet du document?

☐ A. L'ouverture d'un procès.

☐ B. La fermeture d'un compte.

☐ C. Une demande de rendez-vous.

☐ D. Une demande de prêt.

Paris, le 18 mai 2003

À l'attention de Monsieur Ralgan

Monsieur,

Vous m'avez envoyé un avis, daté du 14 mai 2003, m'informant du découvert de mon compte. Vous exigez dans ce courrier que je régularise ma situation dans le mois courant sous peine de me retrouver en interdit bancaire.

Étant mon conseiller, vous auriez dû me contacter pour m'en informer sans tarder. Disposant de peu de ressources, je me vois dans l'impossibilité de régler la situation dans les délais impartis. Je souhaite donc vous rencontrer le plus vite possible.

Veuillez accepter, Monsieur, mes sentiments distingués,

Monsieur Chaber

110

Quelles sont les conditions de vente du séjour?

☐ A. Se marier entre le 15 et le 22 mars 2003.

☐ B. Payer un supplément pour les activités.

☐ C. Être mariés depuis au moins six mois.

☐ D. Présenter un justificatif de mariage.

Promotion sur
les voyages de noces

Offre spéciale « Jeunes Mariés »!!

Du 15 au 22 mars 2003,
votre agence vous propose
une semaine de rêve en Martinique.

Hébergement:
hôtel ★★★★, en demi-pension
(gastronomie régionale),
chambre avec vue sur la mer.

Activités comprises:
excursions dans l'île, sorties nautiques,
plongée, visite de distillerie.

N.B. Sur présentation des bans du mariage, madame bénéficiera d'une réduction de 50 % sur le prix du billet d'avion. Attention, cette offre est valable au maximum 6 mois après la date du mariage.

111

1. De quel type de document s'agit-il?

☐ A. Une lettre de démission.

☐ B. Une candidature spontanée.

☐ C. Une lettre de motivation.

☐ D. Une offre d'emploi.

2. Avec quel public la jeune fille est-elle en contact dans son travail?

☐ A. Des personnes âgées.

☐ B. Des adultes.

☐ C. Des enfants.

☐ D. Des adolescents.

Angers, le 24 février 2003

Madame,

Suite à l'annonce parue dans le journal « Anjou Matin », je vous propose ma candidature pour le poste d'animatrice de séjours linguistiques.

Actuellement étudiante en licence d'espagnol, je travaille en tant que surveillante dans une école. De plus, je possède un diplôme d'animation en centre de loisirs.

Ayant déjà organisé des voyages pour des groupes, je souhaite mettre mes compétences à votre disposition.

Je reste disponible pour toute information complémentaire. Veuillez trouver ci-joint mon curriculum vitae.

Cordialement,

Mlle Élodie Cordier

20.50   *TV3 Les trois frères*

Suite à leur évasion, trois frères se retrouvent dans le désert australien à la recherche d'une valise pleine de diamants. Leur quête ne se déroule pas sans obstacles: les frères s'affrontent et découvrent un quatrième larron qui partage la même ambition qu'eux. Ce voyage au bout du monde va mettre au jour la personnalité de chacun, pour le plus grand bonheur du spectateur. Excellente interprétation des acteurs malgré quelques longueurs dans le scénario. En bref, un bon moment de détente. Rires assurés.

1. Quel est le genre du film?

☐ A. Un film d'aventures.

☐ B. Une comédie musicale.

☐ C. Un drame psychologique.

☐ D. Un documentaire historique.

2. Quelle est l'opinion du critique sur ce film?

☐ A. Il pense que c'est un chef-d'œuvre.

☐ B. Il l'a apprécié mais émet quelques réserves.

☐ C. Il n'a pas d'opinion particulière.

☐ D. Il n'a pas apprécié le film.

Vous souhaitez connaître votre avenir? ou connaître l'origine de vos malheurs?

Contactez Madame Michel qui apporte des réponses à vos questions, à vos doutes.

Cette femme de réputation internationale opère ses consultations selon plusieurs techniques: marc de café, pendule, tarot, gouttes de cire…

Quel que soit le domaine, amour, chance, travail, blocages psychologiques, Madame Michel vous révèle la vérité sur vous et votre environnement.

Avec ses quinze ans d'expérience, votre satisfaction est garantie!

Les consultations sont sur rendez-vous, à domicile
ou au cabinet, situé 30, rue d'Alsace.
Discrétion et sérieux assurés.

Quel est le métier de Madame Michel?

☐ A. Médecin.

☐ B. Assistante sociale.

☐ C. Guérisseuse.

☐ D. Voyante.

——114

Les associations et les jeunes : un nouvel élan

On observe aujourd'hui que les associations comptent de plus en plus de jeunes adhérents âgés de moins de trente ans. En effet, ces derniers ont le désir de s'engager dans des projets concrets. Ils souhaitent mener des actions sur le terrain et œuvrer pour la collectivité. Ces jeunes recherchent plutôt des actions modestes à accomplir dans leur environnement immédiat. Ils sont prêts à consacrer du temps et une partie de leur petit budget dans des activités associatives. ■

Quelles sont les formes d'engagement que choisissent les jeunes ?

☐ A. Des actions spectaculaires.

☐ B. Des grandes causes à défendre.

☐ C. Des manifestations.

☐ D. Des activités de proximité.

——115

Chaque été, les stations balnéaires recherchent du personnel pour la saison… les saisonniers.

Ces personnes sont embauchées en général pour une courte durée, d'environ quatre à cinq mois. Les qualifications requises pour ces postes sont variables. La principale difficulté pour les employeurs est de trouver et de former, en peu de temps, des personnes expérimentées et disponibles dans de brefs délais.

En effet, le recrutement s'effectue souvent à la dernière minute mais tout doit être prêt quand les touristes arrivent, le personnel autant que les infrastructures.

Choisissez parmi ces 4 phrases celle qui résume le mieux cet article :

☐ A. En bord de mer, les hôtels et les restaurants manquent de personnel.

☐ B. Pendant la saison estivale, on recrute des animateurs spécialisés.

☐ C. En été, en bord de mer, on recherche du personnel plus ou moins qualifié.

☐ D. En général, les stations balnéaires souffrent d'une pénurie de maîtres nageurs.

——116

1. De quel type de document s'agit-il ?

☐ A. Un questionnaire.

☐ B. Un mode d'emploi.

☐ C. Une enquête.

☐ D. Une publicité.

2. Identifiez l'appareil dont il est question dans le texte ci-contre :

☐ A. Un photocopieur.

☐ B. Un ordinateur.

☐ C. Une machine à écrire.

☐ D. Une imprimante.

Une fois toutes les opérations d'installation de l'appareil effectuées, quelques problèmes techniques qui empêchent la mise en route peuvent survenir. Vous trouverez ci-dessous une liste non exhaustive de différents points à vérifier susceptibles de vous aider à trouver l'origine du dysfonctionnement.

❶ Avez-vous bien branché votre appareil ?

❷ Les cartouches (noir et couleur) sont-elles installées correctement dans leurs compartiments respectifs ?

❸ Avez-vous bien chargé le papier dans le bac ?

❹ Le logiciel est-il correctement installé ?

Si le problème persiste, contactez l'organisme vendeur.

117

Nommée aussi «la Demoiselle de fer», la tour Eiffel reste dans beaucoup de pays le monument qui symbolise la France. Le nombre de touristes qui viennent grimper les marches (ou prendre l'ascenseur!) demeure impressionnant.

Inaugurée en 1889, la tour Eiffel comptabilise en décembre 2002 plus de 200 millions de visiteurs. Mais les anciennes structures ne prévoyaient pas cette forte fréquentation, du coup, les files d'attente s'allongent.

Les gestionnaires du monument ont donc de grands projets de réaménagement, comme par exemple la création de salles d'attente.

Choisissez parmi ces 4 phrases celle qui résume le mieux cet article :
- ☐ A. La tour Eiffel va se refaire une beauté.
- ☐ B. La tour Eiffel en reconstruction.
- ☐ C. La tour Eiffel boudée par les touristes.
- ☐ D. La tour Eiffel en péril.

118

Fait-divers

Hier après-midi, lors du championnat de tennis interrégional, deux grands noms devaient s'affronter lors du match d'ouverture.
À cette occasion, les tribunes étaient noires de monde venu assister à cette rencontre amicale. Au beau milieu d'une partie serrée où le point décisif se jouait, la balle a été déviée de sa trajectoire et a atterri dans les gradins. L'heureux spectateur qui l'a récupérée a refusé de la restituer. Prix d'un accès d'enthousiasme, il s'est précipité sur le court, balle à la main, pour demander un autographe.

Choisissez entre les 4 propositions suivantes le titre qui convient le mieux à cet article :
- ☐ A. Annulation du match tant attendu.
- ☐ B. Victoire écrasante pour la joueuse française.
- ☐ C. Une balle de match baladeuse.
- ☐ D. Tennis : un spectateur blessé par balle.

119

Les éleveurs avaient l'habitude de traire leur bétail deux fois par jour. De récentes études ont démontré que les bovins peuvent parfaitement s'adapter à une traite unique matinale. On produit alors 30 % de lait de moins qu'avec deux traites, mais ce dernier est plus riche en matières grasses et protéines (la quantité de nourriture donnée aux bovins reste la même). Plusieurs tests ont été mis en place pour définir l'adaptation des vaches à ces deux types de traite. Aucun trouble n'a été observé sur ces cheptels.

Les vaches traites deux fois par jour...

- [ ] A. fabriquent plus de lait.
- [ ] B. produisent du lait de meilleure qualité.
- [ ] C. doivent manger davantage.
- [ ] D. sont victimes de troubles comportementaux.

120

MODALITÉS

Vous ne pourrez être remboursé que si votre billet n'a pas été composté et que son montant est supérieur à 4,50 euros. Vous pouvez effectuer cette opération en gare ou dans l'une de nos boutiques de préparation au voyage.

Si vous possédez un billet avec réservation, vous serez remboursé :
– intégralement avant le départ prévu ;
– avec 50 % de retenue dans tous les autres cas (au maximum dans les 60 jours après la date de réservation).

Si vous possédez un billet sans réservation, vous serez remboursé avec 10 % de retenue.

1. Où peut-on trouver ce type de document ?

- [ ] A. Dans un guide d'agence de voyages.
- [ ] B. Dans un guide des chemins de fer.
- [ ] C. Dans un guide de gare routière.
- [ ] D. Dans un guide autoroutier.

2. Dans quel cas peut-on se faire rembourser ?

- [ ] A. Si l'on possède une réservation.
- [ ] B. Si le billet a été acheté en gare.
- [ ] C. Si le billet n'a pas été validé.
- [ ] D. Si le train est toujours en gare.

121

Crème mains "Fraîcheur du jardin"

Formule aux essences naturelles de rose sauvage.
Ses senteurs de pétales fraîchement éclos
vous parfumeront délicatement.
Respecte et laisse naturellement respirer la peau.

Efficace,
sa formule originale garantit
une fraîcheur longue durée.

Résiste à l'eau.
Formule non grasse
(ne tache pas les tissus).
Agiter avant chaque utilisation.

1. Quelle est la fonction de ce produit?

☐ A. Hydrater.
☐ B. Rafraîchir.
☐ C. Réparer.
☐ D. Assainir.

122

AVEC LE PARTI
« L'équilibre tous ensemble », AGISSONS!

Non protestataires, nous souhaitons proposer des solutions alternatives en respectant toutes les opinions et toutes les tendances politiques.
Notre but est d'écouter la position de chacun pour trouver un équilibre social.

Ne restez plus seuls avec vos idées.
Rejoignez nos équipes de réflexion pour
discuter et créer une action commune.

Tous les quinze jours, nous organisons des réunions ouvertes au public (sans obligation d'adhésion).

Qui a rédigé ce tract?

☐ A. Des grévistes.
☐ B. Une entreprise.
☐ C. Une association.
☐ D. Des militants.

123

Grâce au supermarché Bazar, vous allez faire des économies: deux formules ont été conçues spécialement pour vos petits budgets!

① Une carte de fidélité payante permettant d'accumuler des points à chaque achat. Au bout de 130 points, vous recevez des chèques-cadeaux valables sur tous les produits.

② À chaque passage en caisse, vous bénéficiez toute l'année de coupons de réduction à utiliser dans un délai de quinze jours. Le paiement par carte bancaire vous offre un coupon supplémentaire.

Comment fonctionne la carte de fidélité?

☐ A. Elle donne accès à des offres de promotion.

☐ B. Elle est incompatible avec les coupons de réduction.

☐ C. Elle comptabilise des points pour tout achat.

☐ D. Elle délivre des chèques-cadeaux sur certains articles.

Niveau 4

Lisez bien chaque question. Vous devez choisir une seule réponse en mettant une croix dans la case correspondante. Pour vérifier si vous avez choisi la bonne réponse, consultez les corrigés.

124

S'éclairer à la bouse de cochon: drôle d'idée, non? Et pourtant ce projet verra le jour dès 2004 dans la petite ville bretonne de Lannilis! Croulant sous les excréments porcins dont ils ne savaient que faire, trente éleveurs de la commune ont proposé de les recycler en «énergie verte» grâce à un processus naturel: la méthanisation. Le principe est simple: quelques bactéries friandes de déchets organiques transforment le lisier en un gaz combustible. Celui-ci est alors enflammé pour chauffer de l'eau et entraîner une turbine à vapeur. À la sortie: 12 000 MW d'électricité… inodore, bien sûr! De quoi alimenter 2 500 citadins! Quant à la chaleur excédentaire, elle sera utilisée pour sécher des algues et du bois. Peut-être une solution écologique au problème des déjections animales qui polluent la nature bretonne?

Science & Vie Junior n° 159, décembre 2002.

1. Parmi les 4 propositions ci-dessous, choisissez le titre qui vous paraît convenir le mieux à cet article:

☐ A. La Bretagne polluée.

☐ B. Électricité porcine.

☐ C. À propos de l'élevage des cochons…

☐ D. Bactéries dans la viande porcine!

2. Comment va-t-on recycler la bouse de cochons?

☐ A. En l'enflammant.

☐ B. Par chauffe progressive.

☐ C. Par dégradation bactérienne.

☐ D. En la mettant dans une turbine.

125

MÈZE

Collège : 42 professeurs d'attaque

Cette année à Jean-Jaurès, les enseignants auront la charge des 600 élèves inscrits.

Ce lundi, les enseignants du collège Jean-Jaurès ont fait leur rentrée. Ils ont découvert un établissement prêt à recevoir les 600 élèves attendus, soit 10 % de plus qu'en septembre 2001. En dix ans, l'établissement est passé de 360 élèves à 600. C'est dire la progression !

Il y a douze ans, le collège était rénové, aujourd'hui, son agrandissement est projeté. Il y a deux ans, trois classes en préfabriqué avaient dû être ajoutées dans la cour intérieure. Aujourd'hui, un nouveau préfabriqué est installé à l'entrée du collège. L'été prochain, une nouvelle construction sera entreprise.

Pour cette année, les 670 personnes travaillant sur le site s'installent dans le provisoire. Ils devront jongler avec l'occupation des salles tant en raison de l'expansion numérique des élèves que pour une organisation pédagogique qui encourage, ou exige, des regroupements d'élèves en demi-classes.

Parmi les 42 enseignants du collège, beaucoup, cette année, sont nouveaux. En une journée, ils ont dû faire connaissance avec les caractéristiques de leur nouvel établissement. Avec les plus anciens, ils ont procédé à l'organisation pédagogique de leurs classes, en intégrant les projets culturels déjà fixés et les exigences ministérielles et locales d'interdisciplinarité.

Gageons qu'avec l'ensemble des éducateurs du collège, ils permettront aux jeunes adolescents de Loupian, Bouzigues et Mèze de s'élever dans l'ordre du savoir.

Le Midi Libre, jeudi 5 septembre 2002.

1. Les infrastructures actuelles peuvent-elles accueillir les élèves ?

☐ A. Non. Trois classes seront donc ajoutées dans la cour.

☐ B. Oui, car des salles provisoires permettent l'accueil.

☐ C. Non. Il est donc prévu d'installer plus de préfabriqués.

☐ D. Oui, car l'ancienne rénovation avait prévu la place.

2. Pour quelle organisation pédagogique les professeurs ont-ils opté ?

☐ A. Des élèves regroupés en demi-journées.

☐ B. Des options culturelles exclues du programme.

☐ C. Des cours faisant intervenir plusieurs disciplines.

☐ D. Des parcours libres de découvertes.

126

Filiation légale

[…] L'article 205 du Code civil oblige les enfants à aider leurs père, mère et autres ascendants dans le besoin.

Cette obligation alimentaire s'étend aux relations par alliance et aux enfants adoptés. En effet, l'article 206 du Code civil prévoit que les gendres doivent assistance à leur belle-mère et à leur beau-père. Cette obligation s'arrête au premier degré.

Un enfant légalement adopté doit assumer cette obligation envers ses parents adoptifs. Si cette adoption n'a été que « simple », c'est-à-dire si elle n'a pas entraîné de rupture avec ses parents naturels, il doit également assistance à ces derniers.

Vies de famille (CAF), novembre 2002.

Qui est tenu de prendre en charge l'obligation alimentaire ?

☐ A. Les enfants en général.

☐ B. Les parents divorcés.

☐ C. Les beaux–parents.

☐ D. Les parents adoptifs.

127

L'avocat plaide non coupable

Drapé dans sa robe épaisse et sombre, l'avocat – du mot aztèque *ahuacalt* – regorge de richesses. En vitamines pour commencer, A et E en tête. Plutôt rare pour un légume ! D'ailleurs, l'industrie des cosmétiques en raffole et vante ses propriétés « naturellement » antioxydantes, donc forcément antirides. Autre richesse, pas toujours appréciée celle-ci, les calories : 160 kcal pour 100 grammes. Ce légume-fruit est aux pays tropicaux ce que l'olive est aux contrées méditerranéennes. Une source d'huile. Pas de cholestérol au cœur de la chair verte et onctueuse, mais beaucoup d'acides gras oléiques, de ceux qui protègent contre les maladies cardio-vasculaires. [...]

Marie-Françoise Lantieri
L'Événement du jeudi, 30 mars – 5 avril 2000.

Parmi ces titres, lequel résume l'article ?

☐ A. L'avocat, un légume aztèque.

☐ B. L'avocat, riche en verdure.

☐ C. L'avocat victime de ses graisses.

☐ D. L'avocat, un légume pour la santé.

128

Les éléphants communiquent aussi par les pieds

C'est la conclusion de Caitlin O'Connell-Rodwell, de Stanford University (États-Unis), après dix ans d'étude des éléphants africains de Namibie. Selon elle, ces animaux ressentent les ondes sismiques du sol et les interprètent : orage lointain, fuite précipitée ou martèlement lent des congénères. La perception de ces vibrations leur permet ainsi d'identifier un danger ou, au contraire, de trouver un pâturage plus accueillant à plus de 15 kilomètres de distance. Cette capacité des éléphants participe à resserrer les liens d'une communauté que l'on sait être très familiale.

(M.-L. M.)
Science & Vie Junior n° 1021, octobre 2002.

La perception des vibrations du sol permet aux éléphants...
- ☐ A. de communiquer entre eux en piétinant le sol.
- ☐ B. de se distinguer entre communautés.
- ☐ C. d'expliquer leur comportement à leurs congénères.
- ☐ D. d'analyser diverses perturbations extérieures.

129

La récup' a de l'avenir

Nous jetons chaque jour 2 kilos de déchets à la poubelle. Certains sont recyclés, comme les bouteilles en plastique qui deviennent des pulls en fibre polaire. Pour sensibiliser les 4-12 ans (et leurs parents) au tri sélectif, le Musée en herbe propose « Poubelle, ma belle », une exposition-jeu sur les déchets ménagers, et « Les rois de la récup », qui présente les drôles de frigos du Théâtre du Terrain vague. La troupe a conçu *Les Arts ménagers ou Lézards ménagers*, un spectacle qui détourne les objets du quotidien. L'artiste Gino Rizzi, lui, sculpte le plastique en méduses pour ses mobiles. Mais, à la boutique Tramp, ce sont bien des chaises et des tables que vend Jean-François Lebrun. Glanées chez Renault ou à la SNCF, elles sont repensées, puis transformées. Bois et métal se marient dans des pièces aux lignes épurées et aux finitions parfaites.

Claire Rocher
L'Événement du jeudi, 30 mars – 5 avril 2000.

1. Que devient le plastique recyclé ?
- ☐ A. Des sculptures en mouvement.
- ☐ B. Des tables et des chaises.
- ☐ C. Des T-shirts en fibre polaire.
- ☐ D. Des réfrigérateurs.

2. Quelles sont les animations autour des déchets ménagers ?
- ☐ A. Une exposition photos.
- ☐ B. Un film sur la récupération.
- ☐ C. Des ateliers de sculpture.
- ☐ D. Des activités ludiques.

S.O.S. Saïga

Classé parmi les animaux les plus en danger d'extinction sur la liste rouge de l'Union mondiale pour la nature (édition 2000), le saïga est en passe de disparaître. Cette curieuse antilope au museau bombé, qui parcourt en groupe les vastes steppes d'Asie centrale, est en effet victime d'un véritable massacre, tuée pour sa viande mais aussi pour ses cornes, utilisées en médecine traditionnelle. En 1993, la population était estimée à plus de 1 million. Aujourd'hui, elle serait inférieure à 50 000 spécimens. Peut-on encore sauver l'espèce? Oui, à condition que les autorités kazakhes, chinoises et des autres pays où vit le saïga mènent des actions efficaces contre les braconniers. L'espoir est mince néanmoins, car pour ces États où sévissent pauvreté et corruption la protection de la faune sauvage n'est pas vraiment une priorité.

Science & Vie Junior n° 159, décembre 2002.

1. L'auteur pense...

☐ A. que le saïga est voué à une disparition certaine.

☐ B. qu'il est encore temps de sauver le saïga.

☐ C. que la survie de l'espèce est en bonne voie.

☐ D. que le saïga sera bientôt déclaré espèce protégée.

2. Que devraient faire les États d'Asie centrale pour sauver le saïga?

☐ A. Ils devraient réintroduire l'espèce.

☐ B. Ils devraient voter une loi pour le protéger.

☐ C. Ils devraient créer des parcs naturels.

☐ D. Ils devraient lutter contre le braconnage.

Embarquements à thèmes

Plus de trois cents bateaux sillonnent le Nil entre Louxor et Assouan. Ils comptent en général entre 50 et 70 cabines et permettent de rejoindre les grands sites de l'Égypte antique. Les excursions s'effectuent à l'aube, lorsque la température est encore clémente. La navigation se fait généralement l'après-midi. Monter alors sur le pont supérieur pour observer le ballet des felouques, ces barques traditionnelles qui font de si jolies photos. Une conférence est souvent prévue en soirée, afin de préparer la visite du lendemain. Classés par les autorités égyptiennes en fonction de la surface des cabines, les bateaux (tous climatisés) affichent facilement 4 à 5 étoiles. Le véritable classement doit être revu à la baisse... Les prix indiqués ci-dessous sont par personne en cabine double et comprennent les vols au départ de Paris.

Tous les spécialistes de l'Égypte programment la croisière sur le Nil. La plupart associent cette forme de découverte à d'autres visites : Le Caire, le désert, les rives de la mer Rouge, Alexandrie... La croisière la plus classique s'effectue entre Louxor et Assouan. Il reste à choisir son style : animé, cultivé, chic ....

Le Figaro, 9 octobre 2002.

1. Quand se déroulent les excursions ?

☐ A. En fin d'après-midi.

☐ B. Le matin.

☐ C. À midi.

☐ D. Entre 14 et 16 heures.

2. Quel genre de bateau de croisière peut-on trouver ?

☐ A. Avec un décor simple et modeste.

☐ B. Avec des cabines luxueuses.

☐ C. Avec des formules classiques.

☐ D. Avec une navigation rapide.

La première bolée de cola

Après Zamzam-Cola, le substitut iranien au soda américain omnipotent, voici *«Breizh Cola, l'autre cola du Phare Ouest»*, qui nous vient de Bretagne. Facilement reconnaissable grâce à son étiquette blanche et rouge qui rappelle les couleurs du phare des Pierres noires, près de Molène, le Breizh Cola, moins sucré et gazeux que son illustre modèle, fait un malheur dans les crêperies et bistrots bretons, et dans quelques gargotes de la région parisienne. Sept mois après son lancement, plus de 300 000 bouteilles sont sorties des chaînes de production brestoises. La grande distribution s'apprêterait même à le mettre en tête de gondole!

La paternité de ce breuvage revient à un certain Bernard Lancelot, brasseur du Morbihan connu pour ses bières, qui décida un beau jour de *«défier la World Company»* lorsqu'il vit, dans la hutte spartiate d'un chef indien perdue en pleine jungle du Guatemala, un coupe-coupe et... six bouteilles de Coca-Cola! *«Aujourd'hui, nous sommes trois petits producteurs bretons contre une multinationale, autrement dit Astérix contre les légions romaines,* explique notre José Bové du soda. *C'est peut-être ce qui explique la sympathie des gens pour notre cola.»* Un succès commercial qui se conjugue avec un pétillant pied de nez à la boisson impérialiste. Un de plus.

Christophe Kergosien
Télérama n° 2759, 30 novembre 2002.

1. Le Breizh Cola...
- [ ] A. est très apprécié des Bretons.
- [ ] B. est peu connu en Bretagne.
- [ ] C. se vend très mal en Bretagne.
- [ ] D. n'est distribué qu'en Bretagne.

2. Le Breizh Cola...
- [ ] A. est une sous-marque de Coca-Cola.
- [ ] B. est un produit de marque.
- [ ] C. est un produit concurrent.
- [ ] D. est un produit dérivé.

3. Pourquoi Bernard Lancelot a-t-il inventé le Breizh Cola?
- [ ] A. Pour se faire connaître.
- [ ] B. Pour mieux vendre ses bières.
- [ ] C. Pour s'installer à Paris.
- [ ] D. Pour concurrencer au soda américain.

LA SÉCURITÉ DES JOUETS EN QUESTION
Seuls 50 % sont jugés totalement conformes aux normes.

La sécurité des jouets laisse-t-elle à désirer? Selon les analyses menées, comme chaque année en France avant les fêtes de Noël, sur 400 échantillons, par la Direction générale de la concurrence, de la consommation et la répression des fraudes (DGCCRF), 10 % des jouets sont « non conformes ou dangereux », et 50 % des jouets seulement déclarés « conformes ». Ils ne respectent donc pas toutes les obligations réglementaires spécifiques destinées à prévenir les risques de blessure des utilisateurs de jouets et jeux vidéo. Il s'agit à la fois d'exigences de construction mais aussi d'un étiquetage approprié comprenant les avertissements destinés à attirer l'attention des utilisateurs sur les risques inhérents à certains objets et la manière de les éviter. [...]

(E. PA.)
Libération, 17 décembre 2002.

1. Quelles informations doit comporter l'étiquetage des jouets?

☐ A. Le détail de la composante électronique.

☐ B. L'explication du fonctionnement du jouet.

☐ C. Les risques et la conduite à suivre.

☐ D. La mention « conforme ».

2. Que fait le journaliste dans cet article?

☐ A. Il constate des faits inquiétants.

☐ B. Il condamne la DGCCRF.

☐ C. Il alarme les parents.

☐ D. Il lance un avertissement.

La montée des eaux menace plusieurs temples égyptiens

De nouveaux éléments sur des dangers qui pèsent sur les monuments égyptiens ont été apportés par les hydrologues Graham Fogg, de l'université de Davis (Californie), et Ayman Ahmed, de l'université de Sohag (Égypte). Des mesures prises autour des temples de Louxor et de Karnak montrent en effet une élévation du niveau de la nappe d'eau souterraine qui endommage fondations, murs et colonnes en grès des monuments.

Les causes de cette montée des eaux sont l'urbanisation et la pratique de l'irrigation par inondation. Pour essayer d'apporter des solutions, les deux scientifiques développent un modèle informatique qui rend compte des mouvements des eaux souterraines dans la zone des temples. Selon Graham Fogg, le pompage serait trop cher et le drainage des eaux de surface vers le Nil, plus réaliste, risque de causer des dégâts lors du creusement des tranchées. Le chercheur pense qu'il serait plus sûr de rendre le système d'irrigation plus performant, de façon à réduire le volume des eaux qui s'infiltrent dans le sol et viennent gonfler la nappe phréatique.

(P. A.)

Science & Vie Junior n° 1021, octobre 2002.

1. Quelle est la cause du gonflement de la nappe phréatique ?

☐ A. Des pluies diluviennes.

☐ B. Des rivières en crue.

☐ C. Le système d'irrigation.

☐ D. Le creusement de tranchées.

2. Selon les deux hydrologues, quelle serait la meilleure solution pour remédier à cette montée des eaux ?

☐ A. Détourner le lit du Nil.

☐ B. Améliorer l'arrosage des cultures.

☐ C. Assainir les terrains en les drainant.

☐ D. Aspirer le trop-plein d'eau.

Les saveurs du Comtat

Tomates, courgettes, cerises, pêches, fromages de chèvre... Dans ce Comtat Venaissin riche et bien irrigué, les produits du marché sont différents de ceux des villes. Plus beaux, plus frais. Séduisantes, les bouteilles d'huile d'olive s'alignent à l'infini. Méfiez-vous des prix trop bas. Gare aux vendeurs pirates de truffes d'été croisés dans un bistrot. La surprise risque d'être mauvaise. Accidents de parcours mineurs dans une région où les bonnes tables sont de plus en plus nombreuses. Où les chefs s'en donnent à cœur joie avec les produits locaux, l'épeautre notamment. Leur cuisine s'inspire de recettes éprouvées qu'ils revisitent. Résultat spectaculaire. Fini le temps où les deux mots qui résumaient la cuisine provençale sonnaient comme l'annonce d'un numéro comique : ratatouille et aïoli.

J.-P. L.
L'Événement du jeudi, 6 juillet 2000.

1. Comment peut-on qualifier la cuisine provençale ?

☐ A. Elle est traditionnelle à l'huile d'olive.

☐ B. Elle renouvelle l'ancienne cuisine.

☐ C. Elle est pimentée à base d'ail.

☐ D. Elle abandonne les produits régionaux.

2. Que conseille le journaliste ?

☐ A. De se rafraîchir dans les bistrots.

☐ B. De se méfier des bonnes tables.

☐ C. D'acheter les truffes les moins chères.

☐ D. De faire confiance aux produits du marché.

Jusqu'ici, les félins à la crinière peu fournie étaient souvent considérés comme des sujets anormaux ou de santé fragile. Or, loin d'être le signe de son statut royal, la taille de la crinière du lion dépendrait principalement de l'altitude à laquelle il vit. Des chercheurs américains du musée d'Histoire naturelle de Chicago ont comparé la taille des crinières de lions vivant au Kenya, pays au relief très varié. Ils ont ainsi noté que les lions dont l'habitat est situé au-dessous de 300 mètres n'ont pas de crinière, tandis qu'elle apparaît d'autant plus développée à mesure qu'augmente l'altitude.
La taille de la crinière du lion est donc moins déterminée génétiquement que dépendante de l'environnement de l'animal. Conclusion qui concorde avec les multiples écrits de chasseurs, les photographies anciennes et les spécimens de musées. (H.P.)

Science & Vie Junior n° 1021, octobre 2002.

Parmi les 4 propositions ci-dessous, choisissez le titre qui vous paraît convenir le mieux à cet article :

☐ A. Plus le félin grandit, plus sa crinière augmente.

☐ B. La densité de la crinière dépend des gènes du félin.

☐ C. Le signe du statut royal du lion est sa crinière.

☐ D. La taille de la crinière du lion varie avec l'altitude.

Qui a inventé l'aimant ?

THALÈS DE MILET savait déjà, il y a plus de 2 500 ans, qu'il existait une pierre attirant le fer. La magnétite, un oxyde de fer justement, doit son nom à la cité ionique de Magnêsia qui en recelait un important gisement. Celle-ci se trouve aujourd'hui en Anatolie occidentale (Turquie). Cependant, la pierre d'aimant, mot créé au XVIe siècle, ne connaît aucune application avant le Moyen Âge. Ce sont les Chinois qui ont, semble-t-il, utilisé, vers le Xe siècle, les premières boussoles pour orienter le trône de l'empereur et, par là même, le plan des villes. Les boussoles chinoises, constituées d'un bol empli d'eau dans laquelle flottait un poisson de bois porteur d'une aiguille de magnétite, se tournaient, où que l'on soit, vers l'étoile du Sud. Ayant voyagé secrètement par la route de la soie, elles ne sortent de l'ombre où les plongeaient les secrets militaires et commerciaux que trois siècles plus tard. Plus tard, en 1600, William Gilbert, médecin de la reine Élisabeth Ire d'Angleterre, publia son *De Magnete*, dans lequel il explique que le magnétisme est « *l'esprit de la Terre* » et que les aimants s'attirent par leurs pôles opposés. Ayant taillé un bloc de magnétite en forme de sphère, il montre, expérience à l'appui, que la boussole s'oriente toujours selon un méridien. Le XVIIe siècle n'ira pas plus loin, mais utilisera la boussole pour réaliser de grandes explorations maritimes. Il faut attendre 1787 et Charles Augustin Coulomb pour voir une étude systématique des forces magnétiques agissant à distance.

La Recherche, n° spécial août/sept./oct. 2001.

1. Les premières boussoles servaient à orienter…

☐ A. le siège impérial.

☐ B. les opérations militaires.

☐ C. les explorations maritimes.

☐ D. les voyages commerciaux.

2. Dans quelle direction étaient orientées les premières boussoles chinoises ?

☐ A. En direction du coucher du soleil.

☐ B. En direction du trône de l'empereur.

☐ C. En direction de l'étoile du Berger.

☐ D. En direction du pôle Sud.

Laser-Société-Adolescents

LA MORT EN JEUX

Ils ont entre 12 et 14 ans et défient la mort dans les tunnels du métro de Marseille. Ils se tiennent en équilibre entre les voitures d'une rame et filent de station en station à 60 km/h. Ce nouveau jeu inquiète la Régie des transports marseillais (RTM), qui a décidé de renforcer ses contrôles sur les voies. Le phénomène est déjà connu en Amérique latine, notamment au Brésil et en Colombie, où chaque année de nombreux gamins des favelas se tuent en s'accrochant aux tramways. Les conduites à risque chez les adolescents prennent des formes très diverses. Ce peut être le jeu de la tomate, qui consiste à retenir sa respiration le plus longtemps possible, ou le jeu du foulard, qui aurait provoqué en France plusieurs décès par strangulation. [...]

Jean-Michel Décugis
Le Point, 13 décembre 2002.

1. Quel est le nouveau jeu des adolescents à Marseille ?

☐ A. S'accrocher derrière les tramways.

☐ B. Tenir en équilibre sur les quais du métro.

☐ C. S'introduire entre les wagons du métro.

☐ D. Courir sur les voies du tramway.

2. Comment résumer l'article ?

☐ A. Les parents doivent surveiller leur progéniture.

☐ B. Les ados bravent des situations périlleuses.

☐ C. Les transports marseillais réprimandent les ados.

☐ D. L'insécurité dans les rames de métro.

Niveau 5

Lisez bien chaque question. Vous devez choisir une seule réponse en mettant une croix dans la case correspondante. Pour vérifier si vous avez choisi la bonne réponse, consultez les corrigés.

139

Patrimoine : il faut payer pour voir

Culture • Photographie

L'éclairage de la tour Eiffel

On peut photographier librement la tour Eiffel de jour : le bâtiment est tombé dans le domaine public et Gustave Eiffel, estimant avoir été rétribué pour la construction, avait abandonné ses droits. En revanche, l'éclairage conçu par Pierre Bideau, mis en place le 31 décembre 1985, est protégé, propriété de la Société nouvelle d'exploitation de la tour Eiffel. Bertrand Habert, du service juridique, affirme que les journaux d'information et les éditeurs de cartes postales sont *« généralement exonérés de la redevance »* mais doivent indiquer le copyright de l'éclairage. La taxe intervient pour l'édition, la publicité et les reportages de mode. *« Nous demandons 1 000 € pour la couverture d'un livre sur Paris, et jusqu'à 5 000 € si le sujet n'a rien à voir avec le site. »* Cette taxe s'ajoute, pour l'éditeur, au prix de la photo publiée. Le « scintillement » conçu pour le passage à l'an 2000 était également protégé – cet événement a permis à la tour Eiffel de doubler ses perceptions de droits d'images en l'an 2000 (76 224 €). Enfin, les auteurs du « ballet pyrotechnique » du 31 décembre 1999, qui a eu lieu à côté de la tour, ont demandé – sans les obtenir – 1 524 € de droits pour la publication d'une image du feu d'artifice dans la sélection du Reader's Digest.

Le Monde, 27 décembre 2002.

---

1. Qui doit payer la taxe pour photographier la tour Eiffel éclairée ?

☐ A. Tous les journaux d'information.

☐ B. Tous les touristes étrangers.

☐ C. Tous les livres et magazines.

☐ D. Tous les éditeurs.

2. Quelles sont les conséquences de cette taxe ?

☐ A. Les festivités de l'an 2000 ont rapporté de bons bénéfices.

☐ B. Les feux d'artifices ont augmenté la taxe de 200 %.

☐ C. Les reportages utilisent encore plus l'image de la tour Eiffel.

☐ D. Les auteurs du ballet ont refusé les droits de publication.

En attendant un monde meilleur...

« *À* *défaut de vous rendre immortel,* New Scientist *vous offre une seconde chance de vivre.* » Cette proposition alléchante provient du dernier concours lancé par le magazine britannique de vulgarisation scientifique. Le premier prix? Faire subir à son corps une cryogénisation.

Autorisée aux États-Unis et dans quelques pays d'Europe, la cryogénisation consiste à conserver dans une chambre froide les cadavres, plongés dans l'azote liquide à – 196 °C quelques instants après leur mort. L'objectif est de pouvoir décongeler les corps le jour où la médecine sera capable de leur redonner vie et de réparer les dommages causés par la congélation sur les cellules. En effet, la glace vide notamment les cellules de leur eau et les contracte. Malgré tout, on arrive à congeler et décongeler avec succès sang, os, spermatozoïdes et embryons. Pour maintenir les organismes dans leur intégralité, la partie n'est pas gagnée. Aujourd'hui, on a seulement réussi à utiliser correctement la cryogénisation sur quelques grenouilles canadiennes imbibées d'antigel et habituées au grand froid.

Autre difficulté de taille, comment réparer les lésions qui ont engendré la mort de l'organisme? Pour cela, différentes techniques sont étudiées, utilisant le code ADN, le clonage ou la greffe. On peut alors envisager, par exemple, de ne faire congeler que sa tête. Une dernière possibilité qui offre également un avantage financier, la fondation Alcor pour le prolongement de la vie (Alcor Life Extension Fundation) réclame ainsi 120 000 dollars (119 731 euros) pour la conservation d'un corps entier, contre (seulement) 50 000 dollars (49 887 euros) pour une tête. [...]

Aux frileux que la cryogénisation ne tente guère, *New Scientist* fait une proposition plus rassurante: un séjour à Hawaï pour deux personnes. Préférez-vous *« vivre maintenant »* ou *« vivre plus tard »* ?, interrogeait le magazine. Le verdict vient d'être rendu: la gagnante, Helen Tibble, a opté pour Hawaï. Pour Alun Anderson, rédactrice en chef de la revue britannique, le pari est tout de même gagné: la cryogénisation séduirait près d'un quart des participants.

Palmyre Badinier
lemonde.fr – 22 novembre 2002

1. Quel est l'effet de la congélation sur les cellules?

☐ A. Elle les rend aqueuses.

☐ B. Elle les répare.

☐ C. Elle les détruit.

☐ D. Elle les endommage.

2. Grâce à la cryogénisation, on peut...

☐ A. restaurer des cellules détériorées.

☐ B. cloner des individus.

☐ C. conserver des corps.

☐ D. redonner la vie.

ART ET ESSAI

CINÉALTERNATIVE affiche ses craintes pour sauver la salle

L'HUMOUR comme parade à la fatalité. Hervé Lopez, directeur de Cinéalternative, a choisi l'ironie. Cet ancien publicitaire a réalisé une campagne d'affichage au ton polémique pour faire savoir aux Parisiens que la dernière salle d'art et d'essai du XIe arrondissement va bientôt fermer. *« Vends cinéma art et essai ; 350 mètres carrés. Idéal pour magasin de chaussures, supermarché ou fast-food »* s'inscrit en quatre mètres sur trois dans la capitale. *« C'est notre dernier espoir. C'est une façon brutale d'appeler au secours. Nous voulons éviter de céder le cinéma à un supermarché. Nous espérons vendre à un exploitant qui conservera l'activité. Mais ça va être difficile. Notre dernière échéance est prévue le 3 avril prochain »*, souligne Hervé Lopez.

Mille courts métrages en un an

Le directeur de la salle se refuse pour le moment à quitter les lieux sans se rappeler au bon souvenir des pouvoirs publics. Une quarantaine de panneaux publicitaires offerts par la société Avenir ont ainsi été stratégiquement placés autour de l'Hôtel de Ville, du ministère de la Culture et du CNC (Centre national de la cinématographie), principaux interlocuteurs politiques des cinémas parisiens. […]

Marie Ottavi
Le Parisien, 17 mars 2003.

1. Quel est le but de la campagne d'affichage ?

☐ A. Toucher le public et un successeur digne de ce nom.

☐ B. Susciter l'intérêt des habitants du XIe arrondissement.

☐ C. Attirer les promoteurs pour la construction d'un fast-food.

☐ D. Obliger les grandes institutions à financer la salle.

2. La campagne d'affichage se présente comme…

☐ A. une blague à tiroirs.

☐ B. un slogan violent.

☐ C. une annonce immobilière.

☐ D. un titre nostalgique.

Les Tambours d'Abitibi

Documentaire franco-italo-canadien de Paolo Quaregna (2000). *Inédit*.

Au chapitre des communautés indiennes du Québec frappées de plein fouet par les vagues de colonisations européennes, les Indiens algonquins, installés depuis plusieurs millénaires dans l'Abitibi, région forestière située à 500 kilomètres au nord-ouest de Montréal, occupent une place de choix. Malgré la reconnaissance des droits autochtones, il y a vingt ans, par l'État canadien, cette communauté de huit mille âmes, minée par l'alcoolisme et la pauvreté, est toujours à la recherche d'une identité perdue. Attirés par les richesses minières et la possibilité de s'approvisionner en fourrure, les premiers Européens, arrivés il y a quatre cents ans, ont remis en cause des pratiques rituelles fondées sur l'harmonie entre l'homme et la nature. Les Indiens les ont baptisés «ceux qui arrachent les arbres». Au cours du siècle dernier, les Algonquins ont subi une évangélisation forcée par les missionnaires. Difficile, dit un Indien, de confesser un péché quand on ignore la notion de péché. Par un montage ingénieux, le documentaire superpose les images d'archives célébrant les valeurs colonisatrices et les témoignages autochtones. Le contraste est saisissant. À l'aune du passé, il brosse le portrait d'une communauté marquée par l'acculturation et la discrimination. Le propos du réalisateur est généralement convaincant, même si sa volonté d'exhaustivité le dessert parfois.

Vincent Michelon
Télérama n° 2759, 30 novembre 2002.

1. Suite à la reconnaissance de leurs droits par l'État canadien il y a vingt ans, quelle est la situation actuelle des Indiens algonquins?

☐ A. Ils n'ont pas trouvé leur place dans la société.

☐ B. Ils sont maintenant totalement intégrés.

☐ C. Ils ont finalement retrouvé une identité propre.

☐ D. Ils ne sont plus victimes de discrimination.

2. Comment le réalisateur s'y prend-il pour mettre en évidence le fossé existant entre la culture colonisatrice et la culture autochtone?

☐ A. Il ne donne la parole qu'aux Indiens algonquins.

☐ B. Il met en parallèle des images et des témoignages de ces deux mondes.

☐ C. Il explique quelle était la vie des premiers colons européens.

☐ D. Il présente la vie que mènent les autochtones de nos jours.

23.00 Cinétoile

Brigade du suicide

Le genre : polar pur sang

Deux agents du ministère des Finances infiltrent le clan Vantucci à Detroit pour démanteler un gang de faussaires impliqués dans « l'affaire des papiers de Shangai ». Les méchants se donnent rendez-vous aux bains turcs saturés de vapeur, les bons jouent aux durs et les maîtresses femmes mènent la danse...

Un vrai polar pur sang, millésimé années 40, au noir et blanc remarquable. Le cinéphile est en terrain connu et prend un malin plaisir à reconnaître les codes du genre. Mais le film a aussi des allures de documentaire commandé par le gouvernement, un hymne aux agents fédéraux *« morts au service des citoyens de ce pays »*, comme le dit doctement à l'épilogue une voix off qui a commenté toute l'enquête. C'est cet aspect patriotique qui a certainement le plus vieilli aujourd'hui. Mais il procède de toute une mythologie hollywoodienne de l'après-guerre qui mettait le cinéma au service de l'État et pour laquelle on peut encore avoir une douce indulgence !

Anthony Man – par ailleurs immense réalisateur de westerns : *L'Appât, Les Affameurs, L'Homme de l'Ouest...* – s'est visiblement délecté de cette histoire qui transforme des enquêteurs en faux gangsters parfois plus vrais que nature quand il s'agit de rendre les coups. Du pur plaisir très rarement diffusé à la télévision.

Anne Dessuant
Télérama n° 2757, 16 novembre 2002.

1. Quel est l'opinion de la journaliste sur le film ?

☐ A. Le noir et blanc a très mal vieilli.

☐ B. Le thème patriotique n'a plus d'écho.

☐ C. Le jeu des acteurs n'est pas remarquable.

☐ D. Le film se regarde comme un documentaire.

2. D'après le document, qu'a voulu le réalisateur ?

☐ A. Faire un véritable western.

☐ B. Réaliser un polar en couleurs.

☐ C. Faire un documentaire.

☐ D. Réaliser un polar hollywoodien.

L'enfant nourricier

Si un enfant adulte refuse d'assumer son obligation alimentaire, le parent abandonné peut saisir la justice et le faire condamner. Le juge apprécie d'abord si le descendant n'a pas eu à souffrir lui-même de son parent et si celui-ci n'a pas manqué gravement à ses obligations. Ainsi, une mère qui avait tenté d'obtenir de ses enfants une pension alimentaire, alors qu'elle les avait abandonnés après leur naissance, a été déboutée par le tribunal de Bordeaux en 1993.

Ensuite, s'il retient le principe de l'obligation alimentaire, le juge examine la situation financière réelle de la personne âgée (ressources et aides sociales) et celle du ou des descendants pour évaluer le montant de l'obligation alimentaire. Si la personne âgée bénéficie de l'aide sociale, les familles peuvent être contraintes à participer au remboursement des frais engagés tels que : l'aide médicale à domicile et hospitalière, la prise en charge des cotisations à l'assurance des personnes, l'aide sociale en hébergement, l'allocation simple aux personnes âgées, l'aide sociale aux repas, le placement en centre d'hébergement et de réinsertion sociale.

Vies de famille (CAF), novembre 2002.

1. Dans quel cas le juge retiendra-t-il le principe de l'obligation alimentaire ?
- [ ] A. Si l'enfant est une grande personne.
- [ ] B. Si l'enfant a été maltraité.
- [ ] C. Si les parents sont âgés.
- [ ] D. Si les parents ont manqué à leurs obligations.

2. Que doit faire la famille si le parent âgé bénéficie d'une aide sociale ?
- [ ] A. Rembourser la totalité des frais engagés.
- [ ] B. Reverser à l'État une partie des frais engagés.
- [ ] C. Prendre à sa charge les frais médicaux.
- [ ] D. Cotiser pour l'assurance maladie du parent.

0.00 *France 3*

Le recul des dieux

Documentaire français
de Dominique Sanfourche (1999). Inédit.

Le 31 mai 1970, déboulant à 800 kilomètres/heure, des milliers de tonnes de roc et de glace engloutissent en trois minutes la ville péruvienne de Yungay et ses 20 000 habitants. Cette monstrueuse avalanche – la plus grande catastrophe glaciaire de l'Histoire – provient du sommet du Huascaran, 6 700 mètres, ébranlé par un tremblement de terre comme il s'en produit tant dans la cordillère des Andes. Signe des dieux, pensent les Indiens Aymara, qui vénèrent ces montagnes comme des divinités ancestrales ; signe des temps, signe du temps météorologique, estiment les scientifiques. [...]
Ce film aux belles images (naturellement) défend avec sobriété l'effort de diagnostic des glaciologues confrontés à la croyance des Indiens, soumis à la vengeance de leurs *apus* égratignés par ces chirurgiens d'un autre monde, pas bien portant.

Michel Daubert
Télérama n° 2757, 16 novembre 2002.

1. Quelles est la cause de la catastrophe de Yungay ?

☐ A. Une tornade à 800 km/h.

☐ B. Un séisme.

☐ C. Une tempête de glace.

☐ D. La colère des dieux.

2. Quelle est la mission des scientifiques dans la région de Yungay ?

☐ A. Ils étudient les divinités indiennes.

☐ B. Ils effectuent des recherches chirurgicales.

☐ C. Ils essaient d'analyser la glace.

☐ D. Ils déclenchent des avalanches.

Des scientifiques déterrent les secrets des sols tropicaux

Des dizaines de milliers d'espèces d'« habitants » des sols tropicaux, totalement inconnues, allant des bactéries aux champignons en passant par les vers, les insectes et les acariens, doivent faire l'objet d'un vaste recensement scientifique.

Ce recensement a été lancé hier par le Programme des Nations Unies pour l'environnement mondial (PNUE) et le Fonds pour l'environnement mondial (FEM). Pour les scientifiques, il est important d'identifier ces minuscules organismes terricoles, enfouis à quelques millimètres sous la surface et qui jouent un rôle vital pour la qualité des sols. Ils « décident », par exemple, de la quantité d'eau de pluie que les sols peuvent absorber.

La terre dans laquelle ils se sont raréfiés est sujette à la sécheresse et à des ruissellements catastrophiques, qui accroissent le risque d'inondations et d'érosion. Les bactéries et les champignons aident à éliminer les polluants et les germes pathogènes des eaux souterraines à mesure qu'elles percolent à travers le sol vers les réservoirs, les puits et d'autres sources d'eau de boisson. Ces petits organismes aident à la libération de dioxyde de carbone, de méthane et d'autres gaz à effet de serre vers l'atmosphère à partir du sol. Il sera peut-être possible de favoriser le recours à des espèces terricoles utiles pour réduire les maladies végétales, animales et humaines. Les scientifiques espèrent que cette mine génétique fournira une série de médicaments nouveaux. Mais c'est surtout le rôle de « charrues biologiques » et de pourvoyeurs de nutriments essentiels joué par ces organismes qui intrigue les scientifiques et a amené à entreprendre ce nouveau projet. Cette initiative, présentée à Paris, Londres et Nairobi, portera sur la biodiversité souterraine dans sept pays : le Brésil, le Mexique, la Côte d'Ivoire, l'Ouganda, le Kenya, l'Indonésie et l'Inde. (AFP)

Métro n° 182, 29 novembre 2002.

1. Quel est le rôle des organismes terricoles ?

☐ A. Ils régulent l'humidité des sols.

☐ B. Ils assèchent les terres.

☐ C. Ils absorbent les ruissellements.

☐ D. Ils rejettent l'excédent d'eau.

2. Dans quel cadre les scientifiques souhaitent-ils étudier ces organismes ?

☐ A. Dans le cadre de la recherche génétique.

☐ B. Dans le cadre de la recherche bactériologique.

☐ C. Dans le cadre de la recherche nutritionnelle.

☐ D. Dans le cadre de la recherche pharmaceutique.

13.45 *France 2*

Les grandes énigmes de la science : 100 ans et plus

Proposé par François de Closets et Roland Portiche.
Documentaire français de Roland Portiche (2002).
Inédit.

Dans la jungle des émissions consacrées au vieillissement et aux manières de le combattre, ce document n'est pas très novateur. Mais il a le mérite de synthétiser les débats actuels sur la question. On sait que le vieillissement se produit lorsque les cellules se renouvellent moins vite. Et que les radicaux libres, générés par l'oxygène que nous respirons, oxydent notre organisme et jouent un rôle dans sa dégradation. Passé ces constats, les avis divergent sur la manière d'y remédier. Faut-il à tout prix retarder ou empêcher le vieillissement ? L'émission écarte cette interrogation légitime et se concentre sur les manières de vivre plus vieux. Et il en existe, a priori, une multitude. Consommer des antioxydants (cinq fruits et légumes par jour) ; vivre au rythme paisible des tortues des Seychelles, qui atteignent 250 ans ; se gaver d'hormones, bien que la méthode soit décriée par de nombreux scientifiques, notamment français.
Le documentaire va crescendo et s'achève sur l'évocation de l'arme ultime : la modification génétique. Ralentir les gènes responsables du vieillissement permettrait de décupler notre espérance de vie. *« On pourrait vivre quatre mille ans »*, s'extasie-t-on. On n'est pas obligé de s'en féliciter.

Vincent Michelon
Télérama n° 2756, 9 novembre 2002.

1. Quelle est l'opinion du journaliste sur ce documentaire ?

☐ A. Le documentaire résume bien les discussions contemporaines.

☐ B. Le documentaire présente des débats de haute qualité.

☐ C. Le documentaire aborde un thème rarement traité.

☐ D. Le documentaire apporte un regard nouveau sur le sujet.

2. D'après le texte, quels moyens pourrait-on utiliser pour vivre plus longtemps ?

☐ A. Vivre aux contact d'animaux.

☐ B. Consommer des vitamines.

☐ C. Participer à des expériences génétiques.

☐ D. Avoir recours à des médicaments.

> ## «*Avant je n'en voyais pas l'utilité*»
>
> **Mireille Cremier, 63 ans, retraitée, Montmorency (95)**
>
> Mireille a longtemps résisté à l'appel du portable. Cette retraitée de 63 ans s'est finalement laissé tenter par un téléphone mobile le 25 décembre dernier. «*Je n'en voyais pas vraiment l'utilité car j'étais facilement joignable à la maison. Mais début décembre, mon installation de téléphone fixe a été victime d'une panne. France Télécom a mis plus de dix jours avant de venir réparer. Durant toute cette période, plus personne ne pouvait me contacter.*» Ce désagrément a incité sa fille, très inquiète de ne plus pouvoir la joindre, à lui offrir un portable. Un cadeau que Mireille ne regrette pas: «*C'est vraiment très pratique, je l'ai toujours avec moi, et j'en suis très contente*», se réjouit-elle. Elle n'a pas eu à précéder à une fastidieuse étude de marché: «*Ma fille a choisi l'opérateur pour moi. Elle a un portable depuis de nombreuses années, elle doit savoir ce qui me correspond le mieux.*» […]
>
> **V. H.**
> *Le Parisien*, 14 janvier 2003.

1. Pourquoi Mireille possède-t-elle aujourd'hui un portable?

☐ A. Parce qu'elle voulait un cadeau original.
☐ B. Parce que sa ligne téléphonique est en dérangement.
☐ C. Parce qu'elle a souffert d'une panne de téléphone.
☐ D. Parce que sa fille est très anxieuse et bavarde.

2. Comment Mireille a-t-elle choisi son portable?

☐ A. Elle a sélectionné le meilleur opérateur.
☐ B. Elle a fait confiance à sa fille.
☐ C. Elle s'est livrée à une étude de marché.
☐ D. Elle a opté pour un format pratique.

Niveau 6

Lisez bien chaque question. Vous devez choisir une seule réponse en mettant une croix dans la case correspondante. Pour vérifier si vous avez choisi la bonne réponse, consultez les corrigés.

__149

AUJOURD'HUI

S P O R T S

Le parcours du Tour de France 2003, placé sous le signe de la célébration du centenaire de l'épreuve, a été dévoilé jeudi 24 octobre à Paris. La course – longue de 3 361 kilomètres – s'élancera le 5 juillet du pied de la tour Eiffel et s'achèvera le 27 sur les Champs-Élysées. Elle fera étape dans les six villes où les 60 coureurs du Tour 1903 firent halte (Lyon, Marseille, Toulouse, Bordeaux, Nantes et Paris) et empruntera les ascensions qui ont marqué l'histoire de l'épreuve : l'Alpe-d'Huez, le Galibier, l'Izoard et le Tourmalet. Pour le centenaire du Tour de France, les organisateurs avaient invité tous les anciens vainqueurs à la présentation de l'épreuve. Seule véritable nouveauté : vingt-deux équipes de neuf coureurs seront conviées à prendre le départ, soit une de plus qu'en 2002.

Pour son centenaire, le Tour de France se tourne vers son passé

Le Tour de France 2003 retrouvera les six villes qui avaient accueilli la première édition et empruntera les cols dans lesquels s'est inscrite sa légende. Espérant redorer un prestige terni par les affaires, le Tour du centenaire s'est placé sous le signe de la commémoration.

L'heure était aux retrouvailles. De Ferdi Kubler, 83 ans et vainqueur de l'édition 1950, à Lance Amtrong, en passant par Eddy Merckx, Miguel Indurain, Bernard Hinault ou Frederico Bahamontes, ils étaient tous là, sur la grande scène du Palais des Congrès, jeudi 24 octobre. Enfin presque : à l'exception de Roger Pingeon, vainqueur en 1967 et absent pour raisons familiales, les anciens vainqueurs vivants du Tour de France, 21 au total, s'étaient donné rendez-vous Porte Maillot pour la présentation du Tour 2003. Ils étaient venus rendre hommage à la plus grande course cycliste du monde. L'occasion en valait la peine : on ne fête pas tous les jours ses cent ans.

Imaginée par Géo Lefevre en novembre 1902 et perpétuée par Henri Desgranges, la Grande Boucle célébrera son centenaire du 5 au 27 juillet 2003. Son tracé aura plusieurs points communs avec celui qui couronna Maurice Garin, premier vainqueur de l'épreuve. *« Nous revisiterons les six villes qui avaient accueilli les 60 coureurs du peloton de 1903 : Paris, Lyon, Marseille, Toulouse, Bordeaux et Nantes »*, a indiqué Jean-Marie Leblanc, directeur du Tour.

• • •

...

Le départ du prologue sera donné au pied de la tour Eiffel. Le parcours passera ensuite par le Trocadéro et la place de la Concorde, pour s'achever à quelques encablures de l'École militaire. Le lendemain, c'est du Stade de France que sera donné le départ fictif de la première étape. À allure réduite, le peloton se rendra alors à Montgeron, dans l'Essonne, devant le café « Au Réveil-Matin », où fut donné le coup d'envoi de la première édition. Après quoi, il filera vers l'est.

« Comme en 1903, nous voulions que le Tour de France tourne dans le sens des aiguilles d'une montre, que les Alpes soient abordées avant les Pyrénées, a expliqué Jean-Marie Leblanc. *Les coureurs aborderont les ascensions dans lesquelles se sont écrites les plus belles légendes du Tour : le Galibier, l'Alpe-d'Huez, l'Izoard ou le Tourmalet. Il y aura aussi des commémorations des grands personnages de l'épreuve comme Henri Desgranges, Louison Bobet, Fausto Coppi et Jacques Goddet. Nous ne voulions pas, au motif du centenaire, casser l'équilibre, révolutionner le Tour de France. »*

Vingt étapes, dont sept de montagne, soit près de 3 300 kilomètres (ce qui en fait l'un des Tours les plus courts) attendent les coureurs en 2003. Comme en 2002, deux journées de repos ont été aménagées : le mercredi 16 et le mardi 22 juillet. *« C'est un parcours très intéressant, taillé pour un coureur complet »,* a estimé Miguel Indurain, vainqueur de 1991 à 1995. *« C'est un Tour que je trouve bien balancé, bien équilibré, mais c'est toujours la même chose : quel que soit le parcours, c'est le plus fort qui gagne à la fin »,* a analysé Greg Lemond, sacré en 1986, 1989 et 1990. [...]

Pierre Lepidi, *Le Monde*, 26 octobre 2002.

1. Quel est l'autre nom du Tour de France ?

☐ A. La Course cycliste du monde.

☐ B. Les Aiguilles de la montre.

☐ C. La Course du plus fort.

☐ D. La Grande Boucle.

2. Quel est l'objectif du Tour de France 2003 ?

☐ A. Accorder peu de pauses aux coureurs.

☐ B. Organiser une course avec un minimum de kilomètres.

☐ C. Commémorer des coureurs et des étapes illustres.

☐ D. Aborder les étapes selon un ordre chronologique.

3. Qu'est-ce que les anciens du Tour de France pensent du Tour 2003 ?

☐ A. C'est un parcours historique.

☐ B. Le Tour sera gagné par un coureur accompli.

☐ C. C'est un parcours sportif.

☐ D. Le Tour privilégie un coureur de montagne.

Avalanches sonores

Un gros rhume, un « atchoum » tonitruant,
suivi d'un bruit de trompette... Attention danger !

En montagne, il suffit parfois de se moucher [...] pour provoquer une avalanche. [...] Comment un bruit inoffensif peut-il bien être à l'origine de telles catastrophes ? Une question d'onde acoustique dans un milieu très spécial et très fragile. Cette onde acoustique, c'est-à-dire la voix, est une vague sonore qui a besoin d'air pour se propager. Tout au long de son déplacement, elle comprime et dilate tour à tour les molécules de notre atmosphère. D'ailleurs, sur la Lune, astre dénué de cocon gazeux, règne un silence complet, tandis que, sur le plancher des vaches, le son remue beaucoup d'air pour avancer. La preuve : un mince tissu placé sur son passage vibre comme la peau d'un tambour. La paroi neigeuse est soumise à la même vibration. D'accord, mais le monde ne s'écroule pas dès que l'on hausse le ton ! Certes, mais la neige est un matériau très particulier, tout comme un tas de sable, un paquet de riz ou un sac de billes. Elle est faite d'une multitude de flocons et il n'y a que peu de cohésion entre toutes ces particules identiques. Du coup, les scientifiques les ont baptisées « milieu granulaire » !

Pour y voir clair dans cette affaire de granulaire, des chercheurs se sont mis à faire des pâtés... Grain par grain, ils ont construit une montagne de sable. C'est ainsi qu'ils ont constaté que l'ajout d'un seul grain peut déclencher la chute de milliards d'autres ! [...] Reste à comprendre comment ce premier rebelle se trémousse et fait dégringoler d'un seul coup tous ses congénères.

Azar Khalatbari

Science & Vie, n° spécial «Tintin chez les savants», 2002.

1. Sur la lune, le son...

☐ A. se propage plus vite que sur terre.

☐ B. ne se propage qu'au niveau du sol.

☐ C. ne se propage pareillement que sur terre.

☐ D. ne se propage à aucun endroit.

2. Un «milieu granulaire» est un ensemble...

☐ A. de particules identiques légèrement unies.

☐ B. de billes de différentes grosseurs.

☐ C. de grains de sable fortement collés.

☐ D. de flocons de neige légèrement fondus.

On ne compte plus les accidents de trottinette !

Il serait sans doute excessif de classer la pratique de la trottinette parmi les sports extrêmes. Néanmoins, c'est devenu une activité à risques. Nous soupçonnions depuis un moment déjà que sa pénétration massive en milieu urbain n'irait pas sans plaies et bosses. Nous venons d'avoir la confirmation de ce sombre pressentiment par l'Institut de veille sanitaire, infatigable sentinelle de la santé publique, qui a récemment publié un rapport sur la question. La conclusion est inquiétante : *«Le nombre de traumatismes dus aux trottinettes a brutalement augmenté à partir de juillet 2000. »* Très exactement de 20 % entre juillet 2000 et juillet 2001. Ce qui fait entre 10 000 et 15 000 accidents.

La néotrottinette n'a plus grand-chose à voir avec celle que *Le Petit Larousse* de 1902 appelait alors « patinette » et qu'il définissait ainsi : *« Jouet d'enfant composé d'une planchette montée sur deux roues et d'une tige de direction. »*

Aujourd'hui, elle est en aluminium, plus légère et munie de roues à faible frottement, ce qui la rend beaucoup plus rapide. Surtout, ce n'est plus un jouet, les enfants en ayant été dépossédés au profit des grands qui en ont fait un moyen de locomotion. On ne s'étonnera donc pas que 89,6 % des accidents aient lieu sur la voie publique. Les collisions faisant deux blessés : le trottineur inexpérimenté et le piéton innocent qui, naïvement, avait cru pouvoir éviter l'accident en empruntant le trottoir. Une curiosité qui vaut le détour : 1,7 % des chutes ont pour cadre… le domicile, soit une centaine tout de même. Où l'on voit que posséder un grand appartement ne comporte pas que des avantages. […]

Guy Baret
Le Figaro, mercredi 9 octobre 2002.

1. Que signifie le titre de l'article ?

☐ A. Tous les accidents de trottinette ont été recensés.

☐ B. Il y a trop d'accidents de trottinette.

☐ C. On ne s'intéresse plus aux accidents de trottinette.

☐ D. Les accidents de trottinette sont très nombreux.

2. Que se passe-t-il avec le phénomène des trottinettes ?

☐ A. Lors de leurs déplacements, les citadins adultes percutent parfois des piétons.

☐ B. L'Institut de la veille sanitaire avait pressenti de nombreux accidents.

☐ C. La trottinette a provoqué des traumatismes psychologiques chez les piétons.

☐ D. La trottinette contemporaine tente de renouer avec la mode des années 1900.

3. Comment comprenez-vous cette phrase de conclusion :

« Où l'on voit que posséder un grand appartement ne comporte pas que des avantages. » ?

☐ A. Les grands appartements sont plus dangereux que le cadre urbain.

☐ B. Le domicile est un espace étonnant où se produisent aussi des chutes.

☐ C. Les trottoirs représentent une surface moins dangereuse que les appartements.

☐ D. La pratique de la trottinette est un inconvénient pour les grands appartements.

Made in India

Documentaire suisse de Patricia Plattner (1999). Inédit.

On ne prête qu'aux riches? Pas toujours. À l'instar d'autres organismes à travers le monde – telle la fameuse Grameen Bank au Bangladesh –, SEWA, née en 1972 dans le nord-ouest de l'Inde, ne prête qu'aux pauvres. Et, de surcroît – si l'on ose dire –, exclusivement aux femmes. L'expérience, passionnante, a semble-t-il largement fait ses preuves. Mais SEWA (pour Self Employed Women's Association) propose aux plus démunies bien davantage que des crédits bancaires. C'est une véritable organisation syndicale, qui s'emploie à «solidariser les travailleuses pour ensuite accroître leur autonomie et leur pouvoir». SEWA se préoccupe aussi de leur formation et de leur santé.

C'est du moins ce que l'on est parvenu à démêler de cet enchevêtrement de témoignages. Ce documentaire, en ne recourant à aucun commentaire, nous donne la sensation désagréable d'être ballottés d'un propos à l'autre, sans qu'il nous donne de véritable cadre à la réflexion. En préambule, une présentation claire de SEWA et de ses activités s'imposait, ainsi que quelques données objectives pour apprécier sa réussite. Bref, une base solide sur laquelle appuyer la parole de ces ramasseuses de papier et autres travailleuses à la petite semaine qui paraissent savourer, au-delà de meilleures conditions professionnelles, une nouvelle dignité. Certes, les portraits sont plutôt plaisants et on picore ici ou là quelques motifs à cogitation. Mais le sujet méritait bien davantage. Dommage.

Marc Belpois
Télérama n° 2756, 9 novembre 2002.

1. Que reproche le journaliste au documentaire?

☐ A. Le peu d'intérêt du sujet.

☐ B. L'absence de commentaires.

☐ C. Le mauvais montage.

☐ D. L'abondance de témoignages.

2. Selon le journaliste, qu'aurait dû faire le réalisateur pour monter un meilleur documentaire?

☐ A. Présenter l'organisation syndicale et expliquer ses activités.

☐ B. Apporter des preuves de la réussite de cette association.

☐ C. Trouver des témoignages plus intéressants et mieux adaptés au sujet.

☐ D. Proposer des pistes de réflexion plus solides.

Les propositions de seize «citoyens» sur le réchauffement planétaire

La Commission pour le développement durable les avait sollicités pour exprimer l'avis de la société.

ARRÊT à long terme du nucléaire, mise en place d'un système d'assurance pour les pays pauvres en cas de sinistre dû au réchauffement planétaire, réduction du trafic routier, ralentissement de la croissance, etc. Ces recommandations radicales émanent de seize « citoyens », venus d'horizons divers et sélectionnés par l'IFOP.

Sollicités pour participer à une conférence intitulée « Changement climatique et citoyenneté », organisée par la Commission française pour le développement durable (CFDD), ils étaient chargés d'exprimer l'avis de la société française sur le sujet. Éric Robineau, 41 ans, ouvrier à Salbris (Loir-et-Cher), Catherine Lafitte, agricultrice, ou encore Jean-Marie Delalande, instituteur, ont ainsi suivi trois week-ends de formation, de décembre à février. Ils ont d'abord rencontré des scientifiques experts en climat, puis des économistes, et, enfin, des associations écologistes.

Ils ont rendu public leur rapport, lundi 11 février, au terme de leur dernier week-end de réflexion à la Cité des sciences et de l'industrie à La Villette, à Paris, samedi 9 et dimanche 10 février.

« Nous, citoyens, considérons que le problème lié aux changements climatiques nous concerne tous et ne doit plus demeurer l'apanage des scientifiques et des politiques. »* Par cette phrase introductive, les participants ont exprimé le désir de prendre part au débat sur l'effet de serre. *« Nous avons voulu utiliser cette méthode démocratique pour permettre aux gens d'évoquer des choix technologiques qui sont faits sans qu'on leur demande leur avis »*, explique Jacques Testard, président de la CFDD, qui dépend du ministère de l'Environnement. Le but, explique le biologiste, est *« d'inviter un échantillon significatif de Français, les informer le plus scientifiquement et objectivement possible, et leur demander de réinterroger des experts avec leur nouveau bagage intellectuel, afin de donner enfin leur avis sur la question »*.

Inspirée des expériences menées au Danemark et, pour la première fois, en 1988, en France, sur le thème des organismes génétiquement modifiés (OGM), cette démarche, et surtout le thème de cette concertation, ont séduit les seize personnes. *« L'idée de pouvoir avoir une réflexion citoyenne sur un sujet qui me tenait à cœur m'a plu »*, explique Dalila Chalani, formatrice à Lyon. *« On était au courant de l'effet de serre, mais pas vraiment du scénario qui se dessine pour l'avenir, et ça fait un peu peur »*, confie Éric Robineau. […]

BI. F
Le Monde, 20 février 2002.

1. De qui émane l'initiative de la consultation?

☐ A. Des citoyens eux-mêmes.

☐ B. De la Commission pour le développement durable.

☐ C. Du Danemark.

☐ D. Du ministère de l'Environnement.

2. Comment ont réagi les seize «citoyens»?

☐ A. Ils étaient réticents à l'idée de publier leurs réflexions.

☐ B. Ils ont critiqué les scientifiques et les politiques.

☐ C. Ils ont émis des propositions originales.

☐ D. Ils ont apprécié de contribuer à cette discussion.

3. Qui sont ces seize «citoyens»?

☐ A. Ils appartiennent à une catégorie socioprofessionnelle définie.

☐ B. Ils représentent une même tranche d'âge.

☐ C. Ils sont originaires de milieux différents.

☐ D. Ils possèdent tous une formation en écologie.

À vos cyber-ordures!

[…] « *Ayez le clic vert! ne gaspillez plus vos ordures ménagères virtuelles. Par respect pour l'environnement, déposez-les dans la Cyberpoubelle, elle s'occupe du retraitement.* » Tel est le cri de guerre de la Cyberpoubelle, cette drôle de benne qui s'apparente plus à une base de données ou une bibliothèque qu'à une décharge nauséabonde.

Cette création de la plasticienne Elsa Mazeau permet de remettre en circulation des fichiers obsolètes, jetés d'une main négligente vers les profondeurs des ordinateurs. Une seconde vie s'offre alors aux sons, images, textes, vidéos et pages web. « *J'aime cette idée de recyclage; que puissent se côtoyer des fichiers totalement différents les uns des autres* », confie la jeune créatrice. C'est pour cela qu'elle souhaite que les gens jettent le plus possible de déchets dans la Cyberpoubelle. Autrement, cette « *bibliothèque de matières premières* » ne sera pas alimentée. Et le projet vit des contributions anonymes, ajoutées pêle-mêle sur le site via un petit logiciel à télécharger.

Elsa Mazeau souhaite en effet que les internautes travaillent à partir de cette Cyberpoubelle, cette « *mise en commun d'idées et de productions* ». Libres de droit, ces fichiers pourront être utilisés pour créer une œuvre originale, qui sera ensuite mise en ligne sur le site dans la rubrique « espace public ». En outre, chaque mois, un artiste sera invité à utiliser ce « *matériel d'intelligence collective* » pour réaliser une œuvre. En juin prochain, ces travaux seront exposés dans un espace réel, dédié à l'art contemporain.

Depuis un mois que la Cyberpoubelle est ouverte, environ 3 000 visiteurs sont venus y déverser leurs ordures virtuelles. Les fichiers qui y sont contenus sont donc constamment renouvelés. C'est ce que souhaite Elsa Mazeau, faire de cette Cyberpoubelle une « *plate-forme d'échanges* » où interviennent le plus de gens possible. […] Chacun peut appréhender cet outil à sa façon. Mais en attendant, à l'heure de se débarrasser du superflu, il s'agit de ne plus se tromper de corbeille : alimentez la Cyberpoubelle !

Camille Le Gall
lemonde.fr – 29 novembre 2002

1. Que peut-on trouver dans la Cyberpoubelle?

- [ ] A. Des livres d'occasion.
- [ ] B. Des fichiers usagés.
- [ ] C. Des ordures ménagères.
- [ ] D. Des œuvres d'art.

2. À quoi sert la Cyberpoubelle?

- [ ] A. À récupérer des fichiers que l'on a jetés par mégarde.
- [ ] B. À remettre à jour d'anciennes bases de données.
- [ ] C. À recycler toutes sortes de fichiers obsolètes.
- [ ] D. À garder en réserve des données importantes.

3. Quel but poursuivait Elsa Mazeau en créant la Cyberpoubelle?

- [ ] A. Créer un espace d'échanges et de discussion pour les internautes.
- [ ] B. Élaborer un site d'informations et de productions libres de droit.
- [ ] C. Mettre à disposition des fichiers usagés pour créer une œuvre.
- [ ] D. Concevoir un espace de travail pour les artistes informaticiens.

VIVRE AUJOURD'HUI

ÉDUCATION

Les formations qui mènent aux grandes maisons de la mode, la joaillerie, l'hôtellerie et les arts de la table

Comment travailler dans le luxe

Il est difficile de définir le luxe. Signe extérieur de richesse? Manière de vivre, de penser, de se mouvoir? Goût pour l'artisanat de grande qualité? Victime d'un brillant marketing? Le luxe englobe de multiples secteurs. La mode, la joaillerie, les palaces, les restaurants, les grands crus, les arts de la table, ou encore les tissus… Né de petites maisons familiales, le luxe a évolué et se concentre désormais dans les mains de grandes multinationales, remettant parfois en question la manière de travailler. Très peu de maisons appartiennent toujours à leurs fondateurs.

La diversité des métiers est l'un des attraits majeurs du luxe, pour lequel œuvrent ensemble des personnalités très variées, des compétences et des talents issus d'horizons différents. Mais la primauté donnée à l'artisanat de l'époque a désormais fait place au renforcement des fonctions marketing, sauf rares exceptions: chez Hermès, par exemple, il n'existe pas de département marketing.

Mais les principales formations au luxe tournent cependant autour de cette discipline.

Plusieurs grandes écoles généralistes offrent des cours optionnels aux étudiants intéressés par les industries du luxe. L'ESG propose en 3e année une option «marketing et publicité», notamment en marketing du luxe. […]

En outre, une association d'élèves de l'Edhec, «Talons Aiguilles», organise depuis 1992 trois événements annuels, afin de promouvoir la création et la mode: un défilé des élèves de l'Edhec avec des vêtements prêt-à-porter dénichés dans les boutiques de Lille, un défilé haute couture présenté par des mannequins professionnels revêtus d'habits prêtés par les grands couturiers et un concours jeunes créateurs. […]

Justine Ducharne
Le Figaro, 9 octobre 2002.

1. Quelles représentations l'article donne-t-il du luxe?

☐ A. L'attrait pour les produits de l'artisanat.

☐ B. Le luxe est victime de sa haute qualité.

☐ C. Le goût pour toutes les gastronomies.

☐ D. Le luxe s'illustre dans plusieurs domaines.

2. Comment peut-on résumer l'historique du secteur du luxe?

☐ A. Les maisons fondatrices perpétuent les traditions.

☐ B. Les manières de travailler n'ont pas bouleversé le luxe.

☐ C. Les multinationales ont englobé les petites entreprises.

☐ D. Les anciennes maisons et les multinationales se côtoient.

3. Que proposent les grandes écoles dans le cadre des formations aux métiers du luxe?

☐ A. D'étudier l'aspect marketing et publicité du luxe.

☐ B. De se sensibiliser à l'artisanat grâce à une option.

☐ C. De porter des vêtements de haute couture lors d'un défilé.

☐ D. De rencontrer des personnalités du secteur du luxe.

Brûler à la loupe

[…] Une loupe est avant tout une lentille convexe. Ce qui la dote de deux propriétés. […] Primo, en tant que lentille, elle dévie la lumière. Secundo, à cause de sa forme convexe, elle renvoie tous les rayons lumineux en un point, c'est-à-dire qu'elle les fait converger en un point justement appelé foyer, plus précisément foyer image dans le jargon des spécialistes. […] C'est […] le Soleil qui détient le secret. Notre étoile nous envoie des milliards de milliards de photons par mètre carré et par seconde. Ces petits grains de lumière transportent chacun une quantité d'énergie. Or, la loupe concentre en un point une quantité considérable de cette énergie.

Est-ce assez pour faire flamber… un éléphant ? Non. […] Mais lorsque le soleil est au zénith, on peut arriver à déclencher une petite brûlure sur la main. Les plus sceptiques jugent que la peau de l'homme est plus délicate que celle de l'éléphant ? Sûrement ! Et il est bien improbable qu'un pachyderme accepte d'attendre patiemment plusieurs minutes, le temps que la brûlure grille son cuir épais ! […]

Azar Khalatbari et Julie Coquart
Science & Vie , n° spécial «Tintin chez les savants», 2002.

1. Le dispositif optique dont il est question dans le texte permet de…

☐ A. décomposer la lumière.

☐ B. faire diverger la lumière.

☐ C. faire converger la lumière.

☐ D. réfléchir la lumière.

2. Quand une loupe peut-elle concentrer un maximum d'énergie ?

☐ A. Quand le soleil est le plus près de la Terre.

☐ B. Quand le soleil est au plus haut dans le ciel.

☐ C. Quand le soleil se lève.

☐ D. Quand le soleil se couche.

Vent de fronde contre la carte de vœux

ELLE A comme du plomb dans l'aile, la tradition de la carte de vœux. Chaque année, il semble bien que l'on en reçoive de moins en moins et, surtout, qu'elles nous parviennent de plus en plus tard. Comme s'il fallait attendre la mi-janvier pour que, contemplant d'un œil las l'amoncellement formé sur le bureau, on prenne son courage à deux mains avant d'être rattrapé par le compte à rebours de la bienséance puisqu'il n'est pas convenable de présenter ses vœux après le 30 janvier. Dans un dernier spasme postal, les cartes, alors, arrivent en rafale. Petit bijou d'originalité ou formule archi-classique, quasi-prospectus publicitaire de luxe ou service minimal (la carte de visite toute nue glissée dans la carte de vœux). En réponse, il faudra trouver la formule adaptée à chaque destinataire, essayer de faire un peu mieux que *« heureuse-année-et-meilleurs-vœux-à-vous-et-tous-ceux-qui-sont-proches »*.

Lorsqu'il s'agit des proches ou des amis du premier cercle (et davantage encore, ceux que l'on a, par paresse, un peu négligés), avec lesquels il existe une vraie complicité, écrire et recevoir une carte postale de vœux est toujours un plaisir et quelquefois un petit bonheur. Pour les autres, ne soyons pas hypocrites : l'exercice rappelle furieusement le *« dis bonjour aux messieurs-dames »* ou le *« va faire la bise pour la bonne année »* que l'on glisse à l'oreille des petits enfants, en les poussant légèrement en avant par les épaules.

Certes, aucune statistique fiable ni aucun sondage garanti représentatif ne permettent de confirmer officiellement le reflux historique de la carte postale de vœux. Quelques indices, pourtant, le suggèrent. Ainsi, le stress qu'elle engendre est désormais évoqué, reconnu et identifié comme tel. Pour le vérifier, on peut, en arrivant aux abords de la machine à café, lancer à la cantonade, tel un communiqué de victoire : *« C'est terminé ; j'ai écrit toutes mes cartes de vœux! »* et observer le léger mouvement de panique qui saisit les collègues qui, eux, n'ont toujours pas relevé le défi. […]

Jean-Michel Normand
Le Monde, 4 janvier 2003.

1. Que signifie le titre de l'article ?

☐ A. Les avis sont partagés sur la carte de vœux.

☐ B. La carte de vœux provoque un débat météorologique.

☐ C. Les Français n'envoient plus de carte de vœux.

☐ D. La carte de vœux suscite des oppositions.

2. Comment le journaliste qualifie-t-il la tradition de la carte de vœux ?

☐ A. C'est un exercice de politesse conventionnel.

☐ B. C'est un phénomène à la mode.

☐ C. C'est une démarche hypocrite.

☐ D. C'est une façon de faire de la publicité.

3. Quel comportement la carte de vœux provoque-t-elle parmi les collègues de travail ?

☐ A. De la lassitude.

☐ B. Des querelles.

☐ C. Des discussions.

☐ D. De l'angoisse.

Luc Ferry ordonne une inspection après les « défaillances répétées » dans l'organisation des concours. Cinq épreuves ont été annulées depuis février. Une délégation de candidats a protesté auprès du ministre de l'Éducation nationale contre la dégradation des conditions de l'examen.

« Même s'il n'est pas établi qu'il ait en la circonstance un cas juridique d'annulation, il y a eu manifestement un dysfonctionnement dans le processus d'élaboration du sujet. » Le communiqué du ministère de l'Éducation nationale, qui a annoncé mardi 28 mai l'annulation de l'épreuve de français du concours externe de recrutement des professeurs des écoles (CERPE) des académies d'Ile-de-France, est limpide : il n'est pas normal qu'un sujet d'entraînement, donné et corrigé au cours de l'année par le Centre national d'enseignement à distance (CNED) dans le cadre de la préparation aux concours d'instituteurs, se retrouve tel quel dans un des concours en question. […]

« Loi des séries »

La direction des personnels enseignants, qui a organisé 899 concours cette année, évoque la loi des séries, et met en avant le millier d'épreuves écrites qui se déroulent chaque année sans anicroche. Néanmoins, ces incidents ont déclenché une grande émotion parmi les candidats, à l'instar de ce qui s'est produit le 22 mai. […]

Les pétitions se sont multipliées, les appels téléphoniques et courriers ont afflué vers les rédactions. Des recours ont été déposés auprès des tribunaux administratifs. Alors que s'ouvre une période de forts besoins en recrutement, l'Éducation nationale ne peut se permettre qu'un doute s'installe sur la qualité de ses concours. Luc Ferry a connu sa première gestion de « crise », et la mission d'inspection qu'il a mise en place devra contribuer à faire œuvre de transparence.

Marie-Laure Phélippeau
Le Monde, 30 mai 2002.

1. Pour quel motif l'épreuve de français du concours a-t-elle été annulée ?

☐ A. L'administration s'est rendue compte que le sujet avait été volé.

☐ B. Le sujet distribué aux candidats était destiné à un autre examen.

☐ C. Le ministère s'est aperçu que le sujet avait déjà été traité pendant l'année.

☐ D. Le CNED a proposé la correction d'un sujet similaire à celui de l'examen.

2. Comment ont réagi les candidats face à ces défaillances ?

☐ A. Ils ont écrit une lettre au ministre.

☐ B. Ils ont manifesté devant le ministère.

☐ C. Ils ont alerté l'opinion publique.

☐ D. Ils ont formé une cellule de crise.

3. Quelle est la conclusion de l'article ?

☐ A. L'Éducation nationale envisage d'établir un mode de recrutement transparent.

☐ B. Le ministère dispose de suffisamment d'enseignants et n'ouvrira pas d'enquête.

☐ C. Les problèmes liés aux concours ont permis d'augmenter le nombre de recrutés.

☐ D. Les inspecteurs estiment que la situation ne mérite pas une amélioration.

Expression orale

Niveau 1

159

Qui sont vos meilleurs amis? Décrivez leur physique et leur caractère.

Niveau 2

160

Que faites-vous pendant votre temps libre?

Niveau 3

161

Quel est le livre ou le film qui vous a le plus plu ou marqué? Pourquoi?

Niveau 4

162

La lutte contre les différentes formes de pollution doit-elle être la préoccupation des citoyens? Justifiez votre réponse.

Niveau 5

163

Les médias manipulent-ils l'opinion publique? Illustrez votre réponse.

Niveau 6

164

Dans un monde où l'on peut communiquer de plus en plus grâce à la technologie, se développent, en parallèle, l'égoïsme et l'individualité. Qu'en pensez-vous?

Expression écrite

Niveau 1

165

[handwritten: noisy]

Votre voisin(e) est très bruyant(e). Vous lui écrivez un petit mot (environ 40 mots) où vous lui exprimez votre mécontentement.

[handwritten: oppress]

....

....

....

....

....

Niveau 2

[handwritten: Convoquer - au inter invited to attend / called upon to attend]

166

Votre meilleur(e) ami(e) vous a invité à son mariage. Vous lui aviez confirmé votre présence. Malheureusement, on vient de vous convoquer pour un entretien d'embauche le même jour. Écrivez-lui une lettre (60 mots environ) pour lui expliquer la situation.

[handwritten: Un entretion d'embauche - an interview]

....

....

....

....

....

....

....

....

Niveau 3

167

to feel at the time

Qu'est-ce que vous avez ressenti lors d'une peur ou d'une joie très intense? Racontez les circonstances et vos réactions en 80 mots environ.

....

....

....

....

....

....

....

Niveau 4

168

Doit-on rendre obligatoire une année d'études à l'étranger au sein des cursus scolaires? Justifiez votre réponse (environ 100 mots).

....

....

....

....

....

....

....

....

....

....

169

Pensez-vous qu'il soit encore utile d'apprendre des langues étrangères alors que l'anglais est actuellement la langue de communication mondiale (échanges commerciaux, économiques, politiques...)? Justifiez votre réponse (100 à 125 mots).

....

....

....

....

....

....

....

....

....

....

....

....

....

....

....

....

....

....

....

....

....

170

À partir de cet article ayant pour thème «L'ennui en classe», proposez un compte rendu de 80 mots environ.

Comment combattre l'ennui à l'école ?

Deux tiers des jeunes de 11 à 15 ans avouent s'ennuyer en classe ; 85 % des jeunes enseignants confirment avoir l'impression que leur élèves se désintéressent de leurs cours. Les parents eux aussi semblent prendre au sérieux le phénomène : 27 % des familles estiment en effet que leur enfant s'ennuie au collège, 11 % dès le primaire. Et même Luc Ferry a avoué, hier, lors de la cérémonie des vœux au ministère de l'Éducation nationale, qu'il *« s'était beaucoup ennuyé pendant sa scolarité »*. *« De mon temps, nous étions 80 % à nous ennuyer comme des rats morts »*, a-t-il même précisé au *Monde*.

Souvent synonyme d'échec

L'ennui en classe a toujours existé. Mais désormais, le phénomène n'est plus tabou. Pour preuve, le très sérieux Conseil national des programmes, qui dépend du ministère et dont Luc Ferry est l'ancien président, y consacre un colloque à la Sorbonne aujourd'hui. Pourquoi un tel intérêt ? Parce que l'ennui, de l'avis des enseignants et des spécialistes de l'enfant, change de visage. À l'instar de la violence scolaire, qui prend des formes de plus en plus spectaculaires et ne cesse de plomber et faire douter l'école, l'ennui «ordinaire» de l'écolier n'est plus si anodin qu'il y paraît.

Premier signe tangible d'un décrochage scolaire, il induit le plus souvent l'échec et aujourd'hui des comportements déviants. Selon le pédagogue Philippe Meirieu, qui interviendra cet après-midi, *« l'ennui s'exprimait de façon polie, il revêt aujourd'hui une forme plus insolente et plus déstabilisatrice »*. En clair, les rêveurs du fond de la classe se sont transformés en de véritables agitateurs qui peuvent largement perturber un cours simplement parce qu'ils ne le trouvent pas intéressant. *« À la base, l'ennui est un signe de bonne santé »*, explique le psychologue Jean-Claude Reinhardt, qui y a consacré une étude. *« La société actuelle est tellement sollicitante, avec toute cette profusion de jeux vidéo, par exemple, les adultes ont tellement peur de voir leurs enfants s'ennuyer qu'ils ne leur laissent plus aucun temps mort, et les jeunes savent de moins en moins gérer l'ennui. Du coup, le cap est plus vite franchi. »*

Ce n'est pas une fatalité !

Comment l'école peut-elle gérer tous ces «zappeurs», plus instables, moins capables d'effort, plus revendicatifs, qui deviennent aussi plus facilement «décrocheurs» ? Le colloque va tenter d'apporter des réponses, pistes de réflexion pour le ministère. […]

Laurence Le Fur et Florence Deguen
Le Parisien

(environ 318 mots)

TEST D'ENTRAÎNEMENT

Compréhension orale

Section 1 : Niveau 1

Cette section est composée d'images. Pour chaque image, vous allez entendre 4 phrases. Vous devez choisir la phrase qui correspond le mieux à la situation proposée sur l'image en mettant une croix dans la case correspondante. Vous n'entendrez les phrases qu'une seule fois. Pour vérifier si vous avez choisi la bonne réponse, consultez les corrigés.

171

- [ ] A.
- [ ] B.
- [ ] C.
- [ ] D.

172

- [ ] A.
- [ ] B.
- [ ] C.
- [ ] D.

173

- ☐ A.
- ☐ B.
- ☐ C.
- ☐ D.

Section 2 : Niveau 2

Cette section est composée de questions et d'annonces. Vous allez entendre une question, ou une annonce suivie d'une question, et 4 réponses. Vous devez choisir la réponse qui convient le mieux à la question posée. Vous n'entendrez la question et les réponses qu'une seule fois. Pour vérifier si vous avez choisi la bonne réponse, consultez les corrigés.

174

- ☐ A.
- ☐ B.
- ☐ C.
- ☐ D.

175

- ☐ A.
- ☐ B.
- ☐ C.
- ☐ D.

176

- ☐ A.
- ☐ B.
- ☐ C.
- ☐ D.

Section 3 : Niveaux 3 et 4

Cette section est composée de conversations. Chaque conversation est suivie d'une ou de deux questions. Vous n'entendrez la conversation et la (ou les) question(s) qu'une seule fois. Lisez les réponses écrites et cochez la case correspondante. Pour vérifier si vous avez choisi la bonne réponse, consultez les corrigés.

Niveau 3

177

- [ ] A. affolée.
- [ ] B. malheureuse.
- [ ] C. inquiète.
- [ ] D. furieuse.

178

- [ ] A. Il va embaucher le jeune homme.
- [ ] B. Il propose une période d'essai.
- [ ] C. Il n'a reçu aucune autre candidature.
- [ ] D. Il va étudier la candidature du jeune homme.

179

- [ ] A. À une caisse de cinéma.
- [ ] B. À un guichet de gare.
- [ ] C. À la caisse d'un supermarché.
- [ ] D. Au guichet de la poste

180

- [ ] A. encombrant.
- [ ] B. contraignant.
- [ ] C. inutile.
- [ ] D. bruyant.

181

- [ ] A. Ils partagent le même avis sur tous les points.
- [ ] B. L'un a préféré les personnages et le scénario.
- [ ] C. L'un a détesté le déroulement et l'intrigue.
- [ ] D. Ils sont des opinions un peu différentes.

182

- [ ] A. Elle fait quelques achats.
- [ ] B. Elle oublie de prendre le sel.
- [ ] C. Elle n'achète rien.
- [ ] D. Elle ne paye pas ses courses.

183

- [ ] A. Il est en pleine santé.
- [ ] B. Il manque de tonus.
- [ ] C. Il sort de l'hôpital.
- [ ] D. Il a mal au ventre.

184

- [ ] A. D'acheter un meuble.
- [ ] B. De déplacer un meuble.
- [ ] C. De fixer un meuble.
- [ ] D. De réparer un meuble.

Niveau 4

185

1.
- [ ] A. les prises de vues réussies.
- [ ] B. la musique adaptée aux images.
- [ ] C. le narrateur dynamique.
- [ ] D. les commentaires dignes d'intérêt.

2.
- [ ] A. En haute montagne.
- [ ] B. Dans le Grand Nord.
- [ ] C. Au bord d'un étang.
- [ ] D. Dans la forêt vierge.

186

1.
- [ ] A. Il s'est évanoui.
- [ ] B. Il a eu des nausées.
- [ ] C. Il a eu des étourdissements.
- [ ] D. Il a eu de la température.

2.

☐ A. Il a déjà eu ces symptômes dernièrement.

☐ B. Il n'a jamais eu ce type de symptômes.

☐ C. Il a déjà été soigné pour une hernie.

☐ D. Il a eu des problèmes gastriques.

187

1.

☐ A. À tous les chauffeurs routiers roulant sur les routes de l'Union européenne.

☐ B. À tous les automobilistes conduisant dans l'Union européenne.

☐ C. Uniquement aux chauffeurs routiers d'une entreprise européenne.

☐ D. Aux automobilistes étrangers venant rouler sur les routes européennes.

2.

☐ A. 56 heures de conduite.

☐ B. 10 heures de conduite.

☐ C. 90 heures de conduite.

☐ D. 9 heures de conduite.

188

1.

☐ A. Pour trouver un travail.

☐ B. Pour parler à une collègue.

☐ C. Pour réserver un logement.

☐ D. Pour envoyer son contrat de travail.

2.

☐ A. Il n'a pas trouvé de travail à Toulouse.

☐ B. Il travaille actuellement à Toulouse.

☐ C. Il va bientôt travailler à Toulouse.

☐ D. Il ne travaille plus à Toulouse.

189

1.

☐ A. Il parle à un répondeur.

☐ B. Il s'adresse au directeur.

☐ C. Il se trompe de numéro.

☐ D. Il parle à la secrétaire.

2.

☐ A. Il est satisfait de la livraison.

☐ B. Il réclame une baisse des prix.

☐ C. Il exige la réparation des dégâts.

☐ D. Il arrête les affaires avec M. Dupuis.

190

1.

☐ A. Il lui conseille de se divertir.

☐ B. Il lui dit d'éviter les efforts.

☐ C. Il lui reproche ses activités.

☐ D. Il lui conseille un nouveau mode de vie.

2.

☐ A. Elle s'épanouit dans son travail.

☐ B. Elle suit un régime très sévère.

☐ C. Elle est très occupée.

☐ D. Elle pratique une activité sportive.

191

1.

☐ A. L'avion n'a pas encore décollé.

☐ B. L'avion décollera bien à l'heure.

☐ C. Le passager attend dans l'avion.

☐ D. Le retard apparaît au tableau.

2.

☐ A. Elle explique la raison du retard.

☐ B. Elle fait une annonce publique.

☐ C. Elle s'occupe du remboursement.

☐ D. Elle propose de patienter un peu.

192

1.

☐ A. Plus d'employés.

☐ B. Moins de travail.

☐ C. Plus de charges.

☐ D. Moins de congés.

2.

☐ A. Elle connaît la raison de la grève.

☐ B. Elle honore toutes les exigences.

☐ C. Elle refuse tout sans écouter.

☐ D. Elle demande des renseignements.

Section 4 : Niveaux 5 et 6

Cette section est composée d'extraits de documents radiophoniques. Chaque extrait est suivi d'une ou de deux questions. Vous n'entendrez les extraits radiophoniques et la (ou les) question(s) qu'une seule fois. Lisez les réponses écrites et cochez la case correspondante. Pour vérifier si vous avez choisi la bonne réponse, consultez les corrigés.

Niveau 5

193

1.

☐ A. Il perd son arôme.

☐ B. Il s'évapore.

☐ C. Il dégage une odeur forte.

☐ D. Il s'humidifie.

2.

☐ A. Parce qu'il est moins cher que chez un artisan.

☐ B. Parce qu'il n'est pas torréfié correctement.

☐ C. Parce que le stockage dégrade le produit.

☐ D. Parce qu'il n'est pas conservé au frigo.

194

1.

☐ A. Ils ont été blessés par les coups de pistolet.

☐ B. Ils ont été bousculés dans l'affolement général.

☐ C. Ils ont été indisposés par des émanations de gaz.

☐ D. Ils ont été frappés par les jeunes.

2.

☐ A. Ils vont être condamnés à une peine de prison.

☐ B. Ils vont devoir payer une amende.

☐ C. Ils vont devoir passer devant le juge.

☐ D. Ils vont être mis en liberté surveillée.

195

1.

☐ A. Les gens consomment plus.

☐ B. Il y a beaucoup de bonnes affaires.

☐ C. Les prix sont en promotion.

☐ D. Le nombre de publicités augmente.

2.

☐ A. Faire consommer plus.

☐ B. Fournir des informations.

☐ C. Amuser les téléspectateurs.

☐ D. Concurrencer le cinéma.

196

1.

☐ A. Le grand public.

☐ B. L'amicale des couturières.

☐ C. Les acteurs et chanteurs.

☐ D. Les personnes célèbres.

2.

☐ A. Elles reçoivent des primes.

☐ B. Elles risquent d'être licenciées.

☐ C. Elles travaillent à la chaîne.

☐ D. Elles restent sans réagir.

Niveau 6

197

1.

☐ A. un permis définitif.

☐ B. un permis pour les jeunes.

☐ C. un permis non valable.

☐ D. un permis probatoire.

2.

☐ A. Faire passer une visite médicale avant l'examen de conduite.

☐ B. Rallonger la durée de l'examen de conduite.

☐ C. Compléter l'examen de conduite avec des questions spécifiques.

☐ D. Rester à 22 minutes de conduite pendant l'examen.

198

1.

☐ A. Des bruit inventés par une personne dépressive.

☐ B. Des ultrasons créés par des bruits environnants.

☐ C. Une sensation auditive désagréable.

☐ D. Des douleurs qui précèdent la surdité.

2.

☐ A. Il les exacerbe et les rend durables.

☐ B. Il les soulage de manière temporaire.

☐ C. Il les affaiblit petit à petit.

☐ D. Il n'a aucun effet particulier.

199

1.

☐ A. Un congé maternité.

☐ B. Une année sabbatique.

☐ C. Un temps partiel.

☐ D. Un contrat annuel.

2.

☐ A. Une baisse de salaire.

☐ B. Des payes variables.

☐ C. Une augmentation de salaire.

☐ D. Des congés non payés.

200

1.

☐ A. Les personnes âgées.

☐ B. Les jeunes gens.

☐ C. Les gens de tout âge.

☐ D. Les libraires.

2.

☐ A. Pour mieux se connaître.

☐ B. Pour voyager.

☐ C. Pour écrire des romans.

☐ D. Pour se divertir.

Structures de la langue

Niveau 1

Lisez bien chaque question. Vous devez choisir une seule réponse en mettant une croix dans la case correspondante. Pour vérifier si vous avez choisi la bonne réponse, consultez les corrigés.

201

« Regarde ! On peu patiner sur le lac, l'eau est …
– Chouette ! on y va ? »

- ☐ A. froide.
- ☐ B. congelée.
- ☑ C. gelée. ✓
- ☐ D. givrée.

202

« J'ai vraiment mal à la tête, demain je vais … le médecin. »

- ☐ A. à
- ☑ B. chez ✓
- ☐ C. au
- ☐ D. dans

Niveau 2

Lisez bien chaque question. Vous devez choisir une seule réponse en mettant une croix dans la case correspondante. Pour vérifier si vous avez choisi la bonne réponse, consultez les corrigés.

203

« Dépêche-toi, tu vas être en retard à ta fête !
– Ne t'inquiète pas, on met … 5 minutes pour aller chez Jeanne. »

- ☐ A. à partir de
- ☐ B. vers
- ☑ C. jusqu'à ✗
- ☐ D. environ ←

204

« Je lui ai déjà dit plusieurs fois d'aller … mettre en pyjama avant de dîner. Elle n'écoute jamais rien ! »

- ☐ A. ce
- ☐ B. me
- ☐ C. te
- ☑ D. se ✓

205

« *Quel froid de canard, en plus il n'arrête pas de pleuvoir. Quelle malchance d'avoir perdu mon … »*

- ☐ A. pantalon.
- ☐ B. parasol.
- ☐ C. peigne.
- ☒ D. parapluie. ✓

Niveau 3

Lisez bien chaque question. Vous devez choisir une seule réponse en mettant une croix dans la case correspondante. Pour vérifier si vous avez choisi la bonne réponse, consultez les corrigés.

206

« *Élisabeth et André sont … de vous annoncer la naissance de leur petit garçon Raphaël.* »

- ☐ A. radieux
- ☒ B. heureux ✓
- ☐ C. soucieux
- ☐ D. chanceux

207

« *Chers Annick et Jean, je voudrais porter un toast à votre anniversaire !* »

Que signifie «Porter un toast»?
- ☒ A. Boire en l'honneur d'un évènement.
- ☐ B. Faire griller des tranches de pain. ✓
- ☐ C. Apporter un gâteau d'anniversaire.
- ☐ D. Allumer les bougies sur un gâteau.

208

« *Pour la réunion du conseil d'administration, je vous charge de présenter … de l'année.* »

- ☐ A. le rapport
- ☐ B. le graphique
- ☐ C. le bilan ⟵
- ☒ D. le dossier ✗

209

« *Suite à l'agression d'un conducteur, les syndicats ont déclenché … »*

- ☐ A. un accès.
- ☐ B. une course.
- ☐ C. un agent.
- ☒ D. une grève. ✓

210

« … quinze jours, je quitte mon travail, mon appartement, ma ville et je commence une nouvelle vie. »

☐ A. Sur
☐ B. En
☐ C. À
☒ D. Dans ✓

Niveau 4

Lisez bien chaque question. Vous devez choisir une seule réponse en mettant une croix dans la case correspondante. Pour vérifier si vous avez choisi la bonne réponse, consultez les corrigés.

211

« Au cours de la réunion entre les chefs de service, chacun a proposé une solution à la restructuration. Mais en majorité, il a été dit que le matériel … »

☐ A. puisse changer.
☐ B. changeait.
☒ C. aurait été changé. ✗
☐ D. devait être changé. ←

212

« … intelligent soit-il, il manque de compétences pour ce poste. »

☒ A. Bien que
☐ B. Cependant
☐ C. Si
☐ D. Ni

213

« Je vous remercie … votre invitation à dîner. »

☐ A. par
☐ B. grâce
☒ C. de ✓
☐ D. à

214

« En visitant cette demeure isolée, par ce temps d'orage, il a cru voir un fantôme et il a pris ses jambes à son cou. »

Que signifie «Prendre ses jambes à son cou»?

☐ A. Faire de la gymnastique.
☒ B. S'enfuir très vite. ✓
☐ C. Se tordre le corps.
☐ D. S'emmêler les pieds.

215

« Tu as retiré ton passeport à la préfecture ? Je te rappelle que ton départ s'approche, plus qu'une semaine !
— L'agent au bureau d'accueil m'a assuré que mon passeport me sera … demain. »

☒ A. délibéré
☐ B. délivré
☐ C. desservi
☐ D. détenu

Niveau 5

Lisez bien chaque question. Vous devez choisir une seule réponse en mettant une croix dans la case correspondante. Pour vérifier si vous avez choisi la bonne réponse, consultez les corrigés.

216

« Zut ! J'ai oublié mes clés à la maison !
— Quoi ?
— Il a dit qu'il … ses clés chez lui ! »

☒ A. avait oublié
☐ B. a oublié
☐ C. oubliait
☐ D. oublierait

217

« Cette pièce était vraiment fantastique !
— Moi aussi j'ai adoré ! Et à la fin, quel … ! On ne s'y attendait vraiment pas ! »

☐ A. coup de sifflet
☒ B. coup de grâce
☐ C. coup de foudre
☐ D. coup de théâtre

218

« Cette nuit, Paul a très mal dormi. Moi, en revanche, j'ai dormi d'un sommeil … »

☐ A. de plomb.
☐ B. de fer.
☐ C. d'acier.
☒ D. de fonte.

Lisez bien chaque question. Vous devez choisir une seule réponse en mettant une croix dans la case correspondante. Pour vérifier si vous avez choisi la bonne réponse, consultez les corrigés.

219

« Alors, tu as été chez Jean-Louis ?
– Oui, il m'a fait visiter sa nouvelle maison, elle laisse un peu à désirer. »

« Laisser à désirer » signifie :
☒ A. Présenter des imperfections. ✓
☐ B. Déplaire à quelqu'un.
☐ C. Donner envie.
☐ D. Susciter la jalousie.

220

« Tu as trouvé des rideaux qui te plaisaient pour ta nouvelle maison ?
– Écoute, je suis rentrée dans une petite boutique que je ne connaissais pas, j'en ai trouvé plusieurs paires et je les ai toutes … »

☐ A. achetée.
☐ B. achetées. ⇐
☐ C. acheté.
☒ D. achetés. ✗

la paire –
lae pair

Compréhension écrite

Niveau 1

Lisez bien chaque question. Vous devez choisir une seule réponse en mettant une croix dans la case correspondante. Pour vérifier si vous avez choisi la bonne réponse, consultez les corrigés.

__221

Que signifie ce panneau?

☐ A. L'ascenseur est en panne.

☐ B. L'ascenseur peut être utilisé.

☒ C. L'ascenseur n'est pas ouvert au public.

☐ D. Il n'existe pas d'ascenseur.

__222

> ISABELLE,
>
> EST-CE QUE TU PEUX FAIRE UN
> GÂTEAU POUR L'ANNIVERSAIRE
> DE CHLOÉ? JE T'APPELLE CE SOIR.
> MERCI. BISES, CLÉMENTINE.

Quel est l'objectif de ce message?

☐ A. Demander de venir à une fête.

☐ B. Demander de téléphoner à une amie.

☒ C. Demander de faire un dessert.

☐ D. Demander de préparer un anniversaire.

Le billet indique...

☒ A. qu'il faudra changer de train pour aller à Limoges. ✓

☐ B. que le train sera direct entre Angers et Limoges.

☐ C. trois horaires différents pour aller d'Angers à Limoges.

☐ D. les deux seules gares où le train va s'arrêter entre Angers et Limoges.

SNCF

BILLET | ANGERS ST LAUD → LIMOGES BENEDICTINS

À composter avant l'accès au train | 01 ADULTE

Dép.	**14/02**	à	**11h00**	de	**ANGERS ST LAUD**	Classe	**2**	Voit.	**10**	Place n°	**14**
Arr.		à	**12h00**	à	**TOURS**	01 ASSIS NON FUM		
					TRAIN **60136**	SALLE FENETRE		

Dép.	**14/02**	à	**12h14**	de	**TOURS**	Classe	**2**	Voit.	**08**	Place n°	**20**
Arr.		à	**13h25**	à	**VIERZON VILLE**	01 ASSIS NON FUM		
					TRAIN **60808**	COMPARTIMENT		

Dép.	**14/02**	à	**14h24**	de	**VIERZON VILLE**	Classe	**2**	Voit.		Place n°	
Arr.		à	**16h11**	à	**LIMOGES BENEDICTINS**			
					TRAIN **3635**			

Prix : 19,90 euros

Niveau 2

Lisez bien chaque question. Vous devez choisir une seule réponse en mettant une croix dans la case correspondante. Pour vérifier si vous avez choisi la bonne réponse, consultez les corrigés.

Lundi 12 février 2003

TV1 – 20h45 :
« Boulevard du crime »
FILM POLICIER
L'histoire d'un jeune policier qui enquête sur des vols de voiture. Scènes violentes. Déconseillé aux enfants.

TV2 – 20h50 :
« Venez rire avec nous »
SOIRÉE HUMOUR

En hommage à Fernandel, les plus grands comiques français sont invités sur scène pour présenter des sketches de l'artiste disparu. Un programme pour toute la famille.

TV3 – 20h55 :
« Les oiseaux exotiques. Le Brésil »
DOCUMENTAIRE
À travers un voyage au cœur du Brésil, ce film nous présente un superbe panorama haut en couleur de toutes les espèces d'oiseaux vivant sur ce vaste territoire. Pour les spécialistes et les amateurs de beaux paysages.

Comment sont présentées les informations du programme télé ?

☐ A. Il y a uniquement un résumé des émissions.

☒ B. Il y a un résumé et des recommandations. ✓

☐ C. Le public concerné n'est pas spécifié.

☐ D. Le genre de l'émission n'est pas indiqué.

> Mélangez la farine, le sel, le poivre,
> la levure et les œufs.
> Rajoutez le lait chaud.
> ▬▬▬ et incorporez-le à la pâte.
> Parsemez d'olives et de gruyère râpé.
> Mélangez bien.
> Mettez à cuire à four chaud
> environ 45 min.

Une goutte d'huile est tombée sur cette recette. Choisissez parmi les 4 phrases suivantes celle qui convient le mieux :

- [ ] A. Beurrez le moule
- [x] B. Versez l'huile petit à petit
- [ ] C. Battez les blancs en neige
- [ ] D. Découpez le jambon en dés

Rumvaten *3 TABLETTES DE 10 COMPRIMÉS PELLICULÉS.*

Dans quel cas utiliser ce médicament ?
Rumvaten est indiqué pour les sensations de nez bouché avec fièvre lors d'un rhume.

■ Précautions d'emploi : Prenez l'avis de votre médecin pour qu'il adapte votre traitement.
Comment utiliser Rumvaten ? Rumvaten est réservé à l'adulte (à partir de 15 ans).

■ Posologie : 1 comprimé à avaler, à renouveler si nécessaire toutes les 4 heures. Durée du traitement limitée à 5 jours. Si les symptômes persistent, consultez votre médecin.

1. Que représente ce document ?

- [x] A. Une notice.
- [ ] B. Une ordonnance.
- [ ] C. Une publicité.
- [ ] D. Une recette.

2. Quel est l'objectif de ce document ?

- [ ] A. Décrire une maladie rhumatismale.
- [x] B. Expliquer l'usage d'un médicament.
- [ ] C. Prescrire un médicament antigrippal.
- [ ] D. Conseiller un remède efficace.

Niveau 3

Lisez bien chaque question. Vous devez choisir une seule réponse en mettant une croix dans la case correspondante. Pour vérifier si vous avez choisi la bonne réponse, consultez les corrigés.

227

> En tête des meilleures ventes, L'Arbre des possibles de Bernard Werber. Ce recueil d'histoires courtes a pour thème des sujets quotidiens où le contemporain devient science-fiction et occupe une place à part dans l'ensemble de son œuvre. En effet, il ne s'agit plus d'un roman; la structure du récit et l'intrigue sont plus concentrées. On ne peut s'empêcher d'y retrouver la force et l'émotion des écrits de Maupassant. Une fois de plus, cet écrivain nous prouve qu'il peut s'illustrer dans des genres différents avec un égal talent.

1. Comment est construit cet article littéraire?

☐ A. Le journaliste résume le dernier livre de Werber.
☐ B. Le journaliste présente un panorama des livres de Werber.
☒ C. Le journaliste analyse en détail la structure du recueil.
☐ D. Le journaliste livre une critique générale du dernier ouvrage de Werber.

2. À quel genre appartient le dernier livre de Werber?

☐ A. Des nouvelles de fiction.
☐ B. Un roman de science-fiction.
☐ C. Un policier futuriste.
☐ D. Des contes fantastiques.

228

> Un déménagement peut vous coûter très cher! Selon les dimensions et la quantité de vos meubles, vous devez louer une camionnette ou encore faire appel à des déménageurs professionnels. Dans les deux cas, vous n'êtes pas à l'abri d'objets cassés ou d'un mal de dos.
> Les démarches administratives n'en finissent plus puisqu'il vous faut ouvrir une nouvelle ligne téléphonique et effectuer la mise en route de votre compteur d'électricité: est-il utile de préciser qu'aucun de ces services n'est gratuit?

Laquelle de ces phrases résume l'article?

☒ A. Conseils à l'attention des déménageurs.
☐ B. Le suivi du courrier: un parcours d'obstacles.
☐ C. Changer d'adresse: gare aux dépenses!
☐ D. Déménageur, un métier dangereux.

229

À l'attention des ouvriers opérant
dans l'atelier des produits chimiques :

Veillez à porter vos lunettes de protection,
votre vêtement plastifié ainsi que vos gants et vos bottes.

N'entrez pas sans avoir vérifié l'étanchéité de la combinaison.

Nous vous rappelons que, si vous ne respectez pas ces étapes,
vous vous exposez à de graves dangers : la projection
de liquides et les fortes températures.

**Des sanctions seront appliquées
à toute infraction au règlement.**

Quelle est la nature du document ?

☐ A. Des conseils d'entretien.

☐ B. Des consignes de sécurité.

☐ C. Un avis d'inspection.

☐ D. Un avertissement.

230

**La société CANARDMIAM,
basée à Toulouse, recherche :**

Assistant(e) de direction h/f

En collaboration avec la Direction, vous assurerez le
lien entre l'équipe et les interlocuteurs de l'entreprise.
Vous gérerez des tâches de secrétariat classiques et
participerez aux réunions.
Diplômé(e) d'une formation supérieure, vous devrez
justifier d'une expérience de trois ans au minimum.
Vous devrez enfin maîtriser les outils informatiques.
Langues étrangères appréciées.

1. Quelles missions devra accomplir l'employé(e) ?

☐ A. Gérer le standard.

☐ B. Rédiger des comptes rendus.

☐ C. Traduire des contrats.

☐ D. Coordonner la communication.

2. Quelles sont les conditions d'embauche ?

☐ A. Les connaissances informatiques sont indispensables.

☐ B. Aucune expérience professionnelle n'est exigée.

☐ C. Il faut être titulaire d'une formation de secrétariat.

☐ D. Il est obligatoire de maîtriser une langue étrangère.

231

Dans les grandes sociétés internationales, où les salariés sont souvent amenés à s'expatrier, se pose le problème de l'interculturel. Les dirigeants sont soucieux d'harmoniser le dialogue entre les cultures non seulement pour le bien-être de leurs cadres, mais aussi pour optimiser leurs chances de négociations. Il arrive que des contrats échouent suite à un repas d'affaires qui tourne mal. La méconnaissance de la culture de son partenaire commercial peut conduire à commettre des impairs irréparables.

Comment pourriez-vous résumer cet article?

☐ A. Les expatriés souffrent du décalage culturel.

☐ B. Les cultures influencent les relations commerciales.

☐ C. Les codes culturels nuisent aux sociétés internationales.

☐ D. Les négociations se mènent dans la langue du partenaire.

232

Écout'or vous rembourse 15 euros sur l'achat du nouveau lecteur minidisques V3000!

Conditions: *pour recevoir votre remboursement par virement bancaire, veuillez nous retourner sur papier libre vos nom, prénom et adresse complète, un relevé d'identité bancaire, le code-barres original placé sur l'emballage ainsi que l'original de votre facture.*

Envoyez le tout à:
Écout'or V3000 Service de Gestion
3, rue des Bénédictins 83000 Limoges cedex.

Attention, un seul remboursement
par foyer sera effectué.
Valable du 1/1/2003
au 31/3/2003.

1. Ce document présente...

☐ A. une promotion.

☐ B. une solde.

☐ C. une occasion.

☐ D. une offre.

2. Que faut-il faire pour être remboursé?

☐ A. S'adresser au magasin.

☐ B. Remplir un formulaire.

☐ C. Envoyer un simple courrier.

☐ D. Écrire une lettre de demande.

233

Vous allez être pris en charge par une équipe qualifiée dont le principal souci est votre santé. Le personnel mettra tout en œuvre pour que votre hospitalisation se déroule dans un cadre le plus agréable et confortable possible.

Sachez qu'il vous est possible de demander une chambre individuelle et le téléphone, et que les visites sont autorisées.

— N'oubliez pas d'amener vos vêtements et vos effets personnels ; nous ne fournissons pas de nécessaire de toilette ni de pyjama.

— Dans la mesure du possible, évitez d'apporter de l'argent liquide ou des objets de valeur car nous ne pouvons assurer leur sécurité.

Où peut-on trouver ce genre de document ?

- [ ] A. Dans un hôtel.
- [ ] B. Dans un hôpital.
- [ ] C. Dans une maison de repos.
- [ ] D. Dans une infirmerie.

234

La carte PASS'PARTOUT

Cette carte est valable 1 an. Pour l'obtenir, il vous suffit de vous adresser à l'agence commerciale des bus de la ville et de vous munir d'un justificatif de domicile, d'une photo d'identité ainsi que d'une pièce d'identité attestant que vous avez moins de 26 ans au moment de l'achat de la carte.

La formule **PASS'PARTOUT**, ce sont des voyages illimités sur toutes les lignes de notre réseau.

Tarif : 160 euros, payables en 4 mensualités

1. Cette carte permet…

- [ ] A. de voyager sur une seule ligne de bus.
- [ ] B. d'effectuer un nombre limité de voyages.
- [ ] C. d'avoir accès à toutes les lignes de bus.
- [ ] D. de voyager gratuitement sur le réseau.

2. Où peut-on acheter cette carte ?

- [ ] A. Directement dans le bus.
- [ ] B. Dans une boutique spécialisée.
- [ ] C. Dans un bureau de tabac.
- [ ] D. À la mairie de la ville.

Lisez bien chaque question. Vous devez choisir une seule réponse en mettant une croix dans la case correspondante. Pour vérifier si vous avez choisi la bonne réponse, consultez les corrigés.

235

L O O K

Lacroix rhabille Air France

C'est Christian Lacroix, choisi au terme d'un appel d'offres, qui relookera le personnel d'Air France. Ses croquis deviendront en 2005 l'uniforme porté par *«35 000 personnes en contact direct avec la clientèle»*. Carole Peytavin, responsable pour Air France du projet, explique que *«les pièces les plus récentes, signées Nina Ricci, datent de treize ans»*. Il était temps de rafraîchir la garde-robe, surtout celle des employés masculins, dont les modèles datent, eux, de trente-cinq ans! Injustice justifiée par le fait que les hommes seraient *«plus conservateurs en matière vestimentaire»*. […]

Neijma Hamdaoui
Le Point, 13 décembre 2002.

1. **Comment s'est déroulé le choix du créateur?**
☐ A. Il a été sélectionné parmi des candidats.
☐ B. Il a été élu par le personnel Air France.
☐ C. Il a été choisi d'office.
☐ D. Il a été retenu par défaut.

2. **Quel est le but de ces nouveaux uniformes?**
☐ A. Célébrer les créations de Nina Ricci.
☐ B. Conserver les lignes traditionnelles.
☐ C. Donner un coup de neuf aux modèles.
☐ D. Présenter des couleurs plus gaies.

Pollution chez les Inuits

Péril autour du pôle Nord! Telle est la conclusion d'une étude publiée par le Programme de contrôle et d'évaluation de l'Arctique (Amap). À l'origine de ce danger, les métaux lourds (mercure, plomb…) et les POP (polluants organiques persistants). Ces substances toxiques relâchées dans l'hémisphère Nord par nous autres, pollueurs européens, américains, russes et japonais, finissent immanquablement, en raison de la circulation atmosphérique, dans le Grand Nord. Elles s'accumulent dans les tissus graisseux des animaux et, au final, dans ceux des peuples indigènes qui chassent et se nourrissent de poisson et de viande. Une présence dans l'organisme lourde de conséquences pour la santé : augmentation des infections, stérilité, problèmes de développement chez les enfants… Que faire? Inciter ces peuples à ne plus pêcher et chasser? Ce serait leur ôter une de leurs rares pratiques ancestrales encore vivantes. L'idéal serait d'arrêter de polluer. D'ailleurs, une bonne partie de ces substances toxiques est déjà interdite. Pourtant on continue à en recracher dans l'atmosphère…

Science & Vie Junior n° 159, décembre 2002.

Quelle est l'opinion du journaliste sur la pollution dont sont victimes les populations du Grand Nord?

☐ A. Il pense que le problème est loin d'être résolu.

☐ B. Il pense qu'une loi contre les substances toxiques est nécessaire.

☐ C. Il pense que les pays développés vont se mobiliser.

☐ D. Il pense qu'interdire la chasse aux Inuits est une bonne solution.

CONSOMMATION

Le boom des vide-greniers

Les déballages de bibelots, meubles et autres objets anciens sont monnaie courante dans les communes du Gâtinais. Une tendance qui n'est pas du goût des brocanteurs professionnels qui s'estiment concurrencés par des particuliers.

Quel village n'a pas son vide-grenier dans le Gâtinais ? Chaque année, les comités des fêtes sont de plus en plus nombreux à se lancer dans l'organisation de ces grands déballages de bibelots, cartes postales et autres meubles d'occasion.

Avec un nombre d'exposants qui ne cesse d'augmenter et une fréquentation de plus en plus forte, ces manifestations connaissent un succès grandissant. Signe d'un regain d'intérêt pour les objets anciens ou simple effet de mode, chacun tente de trouver une explication à ce phénomène. Un autre point est loin de faire l'unanimité : la réglementation. Si les organisateurs doivent s'acquitter de certaines autorisations auprès de la mairie ou de la préfecture (lorsque les surfaces de vente dépassent 300 m²), les exposants sont eux aussi soumis à certaines règles. [...]

Hélène Bricard
La République du Centre, lundi 22 avril 2002.

1. Quel phénomène se passe-t-il avec les vide-greniers ?

☐ A. Les surfaces d'exposition augmentent.

☐ B. La mairie refuse de délivrer les autorisations.

☐ C. Les professionnels boycottent ces manifestations.

☐ D. Le public s'intéresse de plus en plus aux brocantes.

2. Comment s'organisent ces vide-greniers ?

☐ A. Chaque exposant s'installe à son gré.

☐ B. Un règlement doit être respecté.

☐ C. Seules les préfectures gèrent les permis.

☐ D. L'autorisation des mairies est suffisante.

Lycéens à code-barres

Sera-t-il bientôt impossible de sécher les cours discrètement? Depuis le début de l'année scolaire, le lycée Saint-Exupéry de Marseille expérimente un procédé tout nouveau: les professeurs disposent sur leurs feuilles d'appel d'un code-barres pour chaque élève. Si l'un d'eux est absent, l'enseignant balaye le code avec un crayon optique qui, relié à un boîtier connecté sur un serveur, transmet directement l'information sur les ordinateurs du lycée. Et vlan! Les parents sont au courant le soir même, alors qu'avec les traditionnelles feuilles de papier il faut parfois trois jours, le temps que les surveillants dépouillent les données qui concernent tout de même 1 600 écoliers. D'après les enseignants, ce système de surveillance en temps réel doit permettre de mieux suivre et responsabiliser les élèves qui «décrochent». Du côté des «cobayes», les avis sont partagés: certains se disent traités comme de la marchandise tout en doutant de l'efficacité du système, tandis que d'autres le trouvent plutôt pratique.

Science & Vie Junior n° 159, décembre 2002.

Choisissez parmi les quatre phrases suivantes celle qui vous semble résumer le mieux cet article:

☐ A. Un nouveau système de vidéo-surveillance a été mis au point pour suivre les élèves.

☐ B. Un système de surveillance en temps réel a été installé dans tous les lycées français.

☐ C. Un lycée teste actuellement des feuilles d'appel informatisées pour signaler les élèves absents.

☐ D. Un serveur informatique relie le lycée aux parents afin de mieux repérer les élèves en difficulté.

Filet à brume

Transformer le brouillard en eau potable? Non, il ne s'agit pas d'un miracle, mais de ce que permet de réaliser cette construction toute simple. Tendu entre deux poteaux, le maillage en plastique piège l'humidité de l'air. L'eau s'écoule alors le long de la toile, puis est collectée dans une gouttière et un réservoir. L'idée de ce capteur ingénieux est venue au Canadien Robert Schemenauer alors qu'il observait les scarabées du désert de Namibie. À l'aube, ces petits animaux déploient en effet leurs ailes pour capter et boire les gouttelettes en suspension dans l'atmosphère. Leur dispositif adapté à l'utilisation humaine est aujourd'hui une aubaine pour les régions arides de bord de mer, comme le désert du Namib, où il ne tombe en moyenne que 10 mm de pluie par an mais où il fait 120 jours de brouillard. Installés depuis 1998 à titre expérimental, plusieurs filets de 12 m sur 4 m y produisent chacun 140 litres d'eau par jour!

Science & Vie Junior n° 159, décembre 2002.

Le dispositif décrit dans cet article est un capteur qui recueille...

☐ A. les gouttes de brouillard.

☐ B. l'eau de mer.

☐ C. les gouttes de pluie.

☐ D. l'eau potable.

TROIS CONSEILS POUR LES DEVOIRS

✦✦✦   ✦✦✦

Que faire au moment des devoirs le soir, lorsqu'on ne dispose que d'une chambre pour ses enfants ?

✦ **Laissez-les choisir leur environnement**

Inutile d'instaurer un tour pour permettre à chacun de « profiter » de la chambre. Être seul à son bureau n'est pas le seul gage de réussite ! Il faut laisser aux enfants la possibilité de choisir leur environnement. Ainsi, certains aiment bûcher sur un coin de table de cuisine, d'autres au milieu du salon…

✦ **N'interdisez pas le travail en groupe**

Trois jeunes qui bossent ensemble le soir, même si parfois ils se chamaillent, c'est une manière d'apprendre qui peut être très profitable. Pour les psychologues, c'est motivant et enrichissant. L'aîné aide le plus jeune (ou l'inverse !) et les deux en bénéficient.

✦ **Envoyez le grand à la bibliothèque**

Si le plus grand souhaite s'isoler pour un devoir qui nécessite plus de concentration, une solution : la bibliothèque, un lieu souvent très silencieux et propice au travail.

L. L. F.

Le Parisien, 15 novembre 2002.

1. Qu'est-ce qui est préférable pour les enfants au moment des devoirs ?

☐ A. Travailler seul à tout prix.
☐ B. Éviter l'entraide.
☐ C. Aller à la bibliothèque.
☐ D. Laisser le choix du lieu.

2. Quel est le rôle des parents ?

☐ A. Écouter les psychologues.
☐ B. Suivre les choix des enfants.
☐ C. Exiger le silence absolu.
☐ D. Trouver une pièce calme.

241

AVEC LE PROGRAMME TÉLÉMAQUES, LES ÉLÈVES S'ÉDUQUENT À LA CRITIQUE DE LA TÉLÉVISION

Franqueville-Saint-Pierre (Seine-Maritime)
de notre envoyée spéciale

Trente-deux élèves de seconde du lycée Galilée se sont réunis, lundi 27 mai, pour un cours inhabituel. Sous leurs regards curieux, Évelyne Ragot, la réalisatrice de *Nalan Türkeli, une femme des bidonvilles* (Arte), engage une discussion à propos de son documentaire, visionné par les lycées dans le cadre du programme Télémaques.

« Quel budget pour ce film ? », « Comment avez-vous réussi à tourner sur place ? ». Une heure durant, Évelyne Ragot répond à toutes les questions d'un public dérouté par des images chocs, qui oscillent entre fiction et réalité et tranchent avec les émissions de divertissement, plus faciles d'accès. Avec des mots simples, elle tente de familiariser ces adolescents à un métier dont on connaît peu les coulisses : *« Avant de partir en tournage, je savais exactement ce que je voulais filmer. J'ai ramené douze heures d'image et, au montage, il a fallu faire des choix. »*

« SENS DE L'IMAGE »

Clément, 17 ans, n'est presque jamais devant la télévision, *« sauf pour les informations et les documentaires animaliers, parce que le reste, c'est vraiment trop débile ».* Il avoue qu'il ne regarde jamais des documentaires *« comme ça ».* La critique est bien là, mais elle est encore en friche.

L'objet du programme (gratuit) Télémaques, créé en 1993 par l'association « Savoir au présent », est l'éducation du regard pour faire en sorte que le jeune adopte une attitude critique lorsqu'il regarde la télévision. Cette année, 75 établissements de Haute et Basse-Normandie, des Bouches-du-Rhône et d'Île-de-France ont choisi parmi quatre documentaires : *Mise en examen, Royal de luxe, Pas de cacahouètes pour Coco* et *Nalan Türkeli.* Puis, à chaque fois, ils ont rencontré le réalisateur pour tenter de développer des habitudes, des réflexes d'analyse critique.

Les échanges débouchent parfois sur des productions écrites, théâtrales ou photographiques qui décrivent, étape par étape, le processus de création. *« Nous ne nous basons pas sur une analyse sémiologique, mais nous aidons les élèves à comprendre le sens de l'image en expliquant les conditions de production. »,* explique Lise Didier-Moulonguet, de « Savoir au présent ». Son programme pédagogique complète d'autres initiatives d'associations comme « Les Pieds dans le Paf » (qui regroupe des téléspectateurs et des auditeurs).

Léa Girault, *Le Monde,* 30 juillet 2002.

1. Quel est l'objectif du programme Télémaques ?

☐ A. Organiser un débat entre les élèves et le professeur sur un documentaire.

☐ B. Aider les élèves à réaliser un documentaire sur un fait de société.

☐ C. Amener l'élève à une remise en question de l'image.

☐ D. Faire découvrir aux élèves des émissions télévisées.

2. Après cette expérience, les élèves...

☐ A. réussissent à décrypter les images télévisées.

☐ B. sont intéressés par le parcours des réalisateurs.

☐ C. préfèrent les programmes ludiques et comiques.

☐ D. sont familiarisés à la violence des images.

Le glanage
Entre tradition et modernité

Selon l'arrêt du Parlement de Normandie de 1741, il est *«permis aux seuls infirmes, vieillards et enfants de glaner; ce qu'ils ne pourront faire qu'en plein jour, après que les gerbes auront été enlevées, à peine d'être punis comme voleurs»*.

Cette pratique rurale traditionnelle, partie intégrante du quotidien de la population de l'Ancien Régime, permettait aux plus démunis de subsister. Des centaines d'années plus tard, le Code pénal autorise toujours, entre le lever et le coucher du soleil, le ramassage des fruits et légumes dans les champs et les vergers, ainsi que des objets laissés dans la rue. Malgré l'avènement du supermarché et de l'ère de consommation de masse, ce droit n'est pas obsolète. Il continue de permettre à certains de consommer des aliments, de s'approprier toutes sortes de choses. Le phénomène a pourtant évolué: il s'est profondément urbanisé; les glaneurs sont désormais aussi des citadins. [...]

Ceux qui pratiquent le glanage de nos jours ne constituent pas un groupe homogène. Ils ramassent, récupèrent et utilisent ce dont les autres ne veulent plus, mais se différencient par ce qui motive leur geste: glaneurs par nécessité, glaneurs pour survivre, glaneurs par choix éthique et par refus du gaspillage, mais aussi glaneurs d'images, de renseignements et de témoignages...

Valeurs mutualistes (MGEN) n° 220, septembre 2002.

1. Qui ne pouvait pas participer au glanage au XVIIIe siècle?

- ☐ A. Les personnes âgées.
- ☐ B. Les nécessiteux.
- ☐ C. Les voleurs.
- ☐ D. Les invalides.

2. De nos jours, qu'en est-il du phénomène du glanage?

- ☐ A. Il n'est plus répandu.
- ☐ B. Il reste toujours présent.
- ☐ C. Il ne touche que les villes.
- ☐ D. Il est devenu un passe-temps.

Lisez bien chaque question. Vous devez choisir une seule réponse en mettant une croix dans la case correspondante. Pour vérifier si vous avez choisi la bonne réponse, consultez les corrigés.

243

Les Pyramides oubliées de Caral

Documentaire britannique de Martin Wilson (2002). Inédit.

Le meilleur moyen d'apprécier ce film archéologique consiste d'abord à passer outre la musique et le ton du commentaire, aussi stéréotypés que les bruits et les voix qui sonorisent les supermarchés. Une fois réglée la question, il est enfin possible de se laisser porter par ce documentaire remarquable et passionnant, mené avec finesse et aussi efficacement qu'un film à suspense.

Ici, les interrogations sont sans doute davantage fondamentales : pourquoi, il y a 6 000 ans, les hommes ont-ils abandonné la vie rupestre pour construire des villes ? Qu'est-ce qui les a conduits à opérer ce grand saut vers la civilisation ? Selon Jonathan Hass, un chercheur américain, la guerre aurait poussé les hommes à se regrouper pour mieux se protéger des attaques.

Caral, découvert par l'archéologue péruvienne Ruth Shady, va-t-il infirmer ou confirmer cette théorie ? Six pyramides, une immense plate-forme, un amphithéâtre, un temple, ce site péruvien est extraordinaire. Pas de céramiques, pas d'outils en métal, les premières recherches tendraient à prouver qu'il est l'œuvre d'une civilisation à un stade encore très primitif. Et puis, un jour, la découverte d'un sac en roseaux permet enfin la datation au carbone 14. Déflagration dans le monde archéologique : Caral aurait près de 5 000 ans, comme les pyramides d'Égypte. La cité est dès lors considérée comme une ville mère, le chaînon manquant entre la vie dans la nature et la vie en ville. Les chercheurs y ont-ils trouvé des traces de guerre, de combats, des signes de peur ? Ont-ils découvert tout autre chose ? Pour le savoir… regardez *Les Pyramides Oubliées de Caral*.

Cécile Maveyraud
Télérama n° 2761, 14 décembre 2002.

1. Que pense la journaliste de la musique et du ton du commentaire ?

☐ A. Elle pense qu'ils gâchent complètement le film.

☐ B. Elle pense qu'ils constituent tout l'intérêt du film.

☐ C. Elle pense qu'ils sont de moins bonne qualité que le film.

☐ D. Elle pense qu'ils sont en parfait accord avec le documentaire.

2. Dans cet article, la journaliste…

☐ A. résume tout le documentaire.

☐ B. invite à découvrir le film.

☐ C. explique la vie du peuple de Caral.

☐ D. expose différentes théories archéologiques.

3. La cité de Caral…

☐ A. est issue d'une civilisation primitive.

☐ B. semble être une cité guerrière.

☐ C. ressemble aux pyramides d'Égypte.

☐ D. relie vie rupestre et vie citadine.

Finnois, parlez suédois

« Une conversation est une conversation, quelle que soit la langue utilisée » : le slogan, écrit alternativement en suédois et en finlandais, a fleuri un peu partout, cet automne, à Helsinki. Sur les panneaux des Abribus, les passants sont interpellés par une question en finnois – *« Ça gaze ?! »* – suivie d'une réponse en suédois : *« Ça va, merci, et toi ? »* Les étrangers qui connaissent la Finlande le savent : le pays possède deux langues officielles. Sauf que le finnois écrase tout sur son passage : seulement 6 % de la population s'exprime en suédois. À l'Assemblée des suédophones de Finlande (Folktinget), qui a organisé cette opération de promotion, on ne veut pas se résoudre à une lente agonie du *svenska pa stan* (« suédois en ville », du nom de la campagne). *« Aujourd'hui, on n'entend plus parler suédois dans les rues de Helsinki. Nous devons encourager les Finlandais, notamment ceux dont c'est la langue maternelle, à l'utiliser »*, explique Veronica Hertzberg, directrice des relations publiques de Folktinget. Les défenseurs rappellent aussi que le suédois ouvre la porte de tous les pays scandinaves – le norvégien et le danois sont en effet linguistiquement très proches.

Mais pourquoi axer la campagne sur le thème du bonjour-bonsoir ? Pour décomplexer tout notre petit monde : en s'adressant en suédois à un finnophone, les suédophones redoutent toujours le mépris latent qui pèse sur ce langage minoritaire ; et les finnophones n'osent pas utiliser le suédois, de peur de faire des fautes. *« Au point où nous en sommes, il faut commencer par des choses simples, dit Veronica Hertzberg. Saluer un suédophone dans sa langue maternelle, c'est déjà un début. »* Ça se dit *god dag.*

Rodolphe Le Clech
Télérama n° 2758, 23 novembre 2002.

1. Quel est le statut du suédois en Finlande ?
- [ ] A. Il peut être la langue maternelle de certains.
- [ ] B. Il est parlé par la moitié de la population.
- [ ] C. Il est utilisé dans les campagnes.
- [ ] D. Il devient la langue majoritaire.

2. Pourquoi la Finlande fait-elle la promotion du suédois ?
- [ ] A. Pour améliorer ses relations publiques.
- [ ] B. Pour valoriser les langues étrangères.
- [ ] C. Pour renouer avec ses origines.
- [ ] D. Pour se rapprocher des pays voisins.

Lettre aux morts

Documentaire français d'Eytan Kapon et André Iteanu (2001). Inédit.

L'ethnologue André Iteanu et le réalisateur Eytan Kapon nous emmènent dans un petit village de la Papouasie-Nouvelle-Guinée au passage de l'an 2000. Les Orokaiva de Jajau ont vu défiler beaucoup de Blancs, pasteurs, aventuriers, soldats… Aussi, ils arborent montres, shorts et lunettes, connaissent le calendrier occidental et les comptes en banque, ce qui ne les empêche pas de revêtir les costumes de fête en plumes et coquillages.

Mais, sous couvert de modernité, le monde occidental leur a apporté des réformes autrement plus dévastatrices : les religions anglicanes (depuis cinquante ans) et évangélistes (depuis dix ans) les ont détournés du culte traditionnel des ancêtres, tout en diffusant quantité de rumeurs d'apocalypse pour l'an 2000 et en leur suggérant de détruire la forêt nourricière au profit d'une exploitation de palmiers à huile.

L'intrusion du destin individuel propre à la chrétienté porte aussi atteinte à la vie communautaire traditionnelle, très festive. D'autant que le village est divisé entre les défenseurs de la coutume et ceux qui se laissent embrigader par les nouvelles religions. Une seule certitude les unit : à force de ne plus être honorés, les morts se sont enfuis. Bref, leurs dieux ne sont plus joignables. Toute leur civilisation pourrait bien ne pas s'en remettre. Un documentaire où l'on comprend qu'une certaine modernité, celle qui fait table rase des traditions, s'apparente à l'obscurantisme le plus ravageur. Une considération qui déborde de loin la Nouvelle-Guinée pour nous concerner tous. D'autant que les habitants de Jajau ne pratiquent pas le langage allusif et abordent quotidiennement, sans détour, le cœur du débat philosophique. Un film époustouflant, à l'intensité d'une tragédie grecque.

Catherine Firmin-Didot
Télérama n° 2761, 14 décembre 2002.

1. Quelle est la réaction de la journaliste face au documentaire ?

☐ A. Elle est enthousiaste.

☐ B. Elle est partagée.

☐ C. Elle est déçue.

☐ D. Elle est contente.

2. Quel est le préjudice majeur porté par la modernité occidentale aux Orokaiva ?

☐ A. Le mode de vie à l'occidentale.

☐ B. Le système économique occidental.

☐ C. L'habillement moderne.

☐ D. L'implantation de nouvelles religions.

3. Quel est le message que l'on peut tirer du documentaire ?

☐ A. Il faut faire attention aux nouvelles religions.

☐ B. La modernité à outrance est dangereuse.

☐ C. Le peuple des Orokaiva va disparaître.

☐ D. La forêt équatoriale est en péril.

Niveau 6

Lisez bien chaque question. Vous devez choisir une seule réponse en mettant une croix dans la case correspondante. Pour vérifier si vous avez choisi la bonne réponse, consultez les corrigés.

246

Du danger des mirages

QUAND LA DÉVIATION DE LA LUMIÈRE CRÉE DES IMAGES FICTIVES

[...] En voiture, par une chaude journée d'été, on voit souvent apparaître sur l'asphalte chaud des étendues d'eau qui se dérobent lorsqu'on s'en approche. Ce ne sont que des reflets du ciel bleu. La lumière se propage en ligne droite, pour peu qu'elle reste dans le même milieu. Mais quand elle change de milieu, sa trajectoire change aussi. Pour la lumière, deux milieux sont différents s'ils n'ont pas la même densité. Ainsi, la lumière émise par un objet immergé est déviée quand elle sort de l'eau (très dense) pour entrer dans l'air (peu dense). Résultat, on voit un objet sous-marin, un poisson dans une mare par exemple, à une place apparente différente de sa position réelle. [...]

Ce qui est vrai pour de l'air et de l'eau l'est aussi dans une moindre mesure pour de l'air chaud et de l'air froid. La densité de l'air dépend en effet de sa température. Dans le désert, le sol absorbe les rayons du soleil. Il devient très chaud et réchauffe l'air autour de lui. La température de l'air est alors plus élevée près du sol. Le milieu n'est plus homogène, ainsi les rayons provenant du ciel se courbent avant de parvenir à l'observateur. Persuadé que la lumière se déplace en ligne droite, celui-ci croit recevoir une image provenant du sol. Il voit une étendue bleue, image du ciel, qu'il peut confondre avec une nappe d'eau. De là à voir des palmiers ou une caravane, il faut une certaine dose d'imagination.

Ce type de mirage est appelé mirage chaud ou inférieur. Il existe des mirages froids ou supérieurs. On les rencontre dans les régions polaires ou sur les océans. L'air est plus froid au sol qu'en altitude, les rayons lumineux se courbent alors vers le haut. L'observateur voit l'image d'un objet surélevé par rapport à l'horizon. [...]

Alain Schuhl
Science & Vie, n° spécial
«Tintin chez les savants», 2002.

1. La lumière se propage pareillement dans deux milieux...

☐ A. de même température.

☐ B. de même densité.

☐ C. de même altitude.

☐ D. de même poids.

2. Comment se traduit le phénomène des mirages dans les régions froides?

☐ A. On peut voir un objet au-dessus de sa position réelle.

☐ B. On peut voir un objet au-dessous de sa position réelle.

☐ C. On peut voir un objet à droite de sa position réelle.

☐ D. On peut voir un objet à gauche de sa position réelle.

3. Pourquoi certains mirages sont-ils appelés «inférieurs» ou «supérieurs»? Parce que la lumière émise par l'objet...

☐ A. change de trajectoire quand elle rentre ou sort de l'eau.

☐ B. est décomposée par la température de l'air plus ou moins élevée.

☐ C. se courbe vers le haut ou vers le bas.

☐ D. est absorbée ou rejetée par le sol.

Montrer patte blanche pour entrer à la cantine

Les demi-pensionnaires du collège Joliot-Curie de Carqueiranne (Var) n'ont pas intérêt à porter des moufles en se présentant à l'entrée de la cantine de leur établissement. À partir de janvier 2003, les 720 collégiens devront présenter la paume de leur main à un boîtier électronique pour pouvoir déjeuner. Cette reconnaissance par la main constitue une première dans les collèges français. [...]

Cette technique de pointe s'appelle la biométrie; elle permet l'identification d'une personne sur la base de caractères physiologiques ou de traits comportementaux automatiquement reconnaissables et vérifiables, tels les empreintes digitales, l'iris ou encore le visage de l'individu. Elle présente l'avantage, par rapport à un mot de passe, badge, ou tout autre procédé d'identification, de ne pas être usurpable. Elle constitue aussi un moyen simple, pratique, fiable et peu onéreux pour vérifier l'identité d'une personne. [...]

Idéale, la biométrie? C'est du moins ce qu'affirment ses promoteurs. Car les détracteurs de cette technologie existent. Ils craignent la constitution de bases de données, utilisables par exemple par la police, à partir des données enregistrées. Pour le collège Joliot-Curie, le problème ne se pose pas puisque, comme le rappelle le principal du collège, Armand Desprez, *« la reconnaissance de la géométrie de la main n'a rien à voir avec une prise d'empreintes digitales »*; l'identification ne laisse, en effet, aucune trace. C'est pour cette raison que la CNIL (Commission nationale Informatique et Libertés) a donné son accord pour cette expérience pilote, alors qu'elle l'avait refusé en 2000 à un collège qui souhaitait mettre en place un système similaire, mais reposant sur les empreintes du doigt. [...] Finie la liste interminable de noms que les surveillants devaient noter avec crayon et papier. Finies également les cartes de cantine perdues, volées, abîmées. [...]

Jusqu'à présent, l'usage de la biométrie était limité en France aux sites de haute sécurité. Mais, apparemment, l'annonce de cette tentative a suscité un réel engouement. Armand Desprez confie qu'il a reçu des appels de la France entière; de principaux de collège, évidemment, mais aussi de chefs d'entreprise, où clés et badges se multiplient et sont souvent source de perte de temps. [...] Les temps changent...

Camille Le Gall
lemonde.fr – 29 novembre 2002

1. Que va permettre l'usage de la biométrie au collège de Carqueiranne?

☐ A. Il va permettre de vérifier la présence des élèves en cours.

☐ B. Il va permettre d'identifier les élèves inscrits à la cantine.

☐ C. Il va permettre de constituer une base de données pour la police.

☐ D. Il va permettre de s'inscrire pour déjeuner à la cantine du collège.

2. Comment fonctionne le boîtier électronique?

☐ A. Il reconnaît la géométrie de la main de l'utilisateur.

☐ B. Il identifie la personne grâce à ses empreintes digitales.

☐ C. Il scanne les os de la main de la personne.

☐ D. Il calcule le poids de la main de chaque individu.

3. Quelle a été la réaction des gens à l'annonce de l'utilisation de la technique de la biométrie?

☐ A. Ils sont un peu sceptiques.

☐ B. Ils s'en désintéressent.

☐ C. Ils refusent de tenter l'expérience.

☐ D. Ils sont enthousiastes.

L'Argent de la confiance

Documentaire français de Jean-Marc Surcin (2002). Inédit.

La pauvreté est une négation des droits fondamentaux de l'homme : se loger, travailler et se nourrir. Et pourtant, aujourd'hui, 2,7 milliards de personnes vivent avec moins de 2 euros par jour. Pour remédier à cela, dès 1974, le microcrédit a été testé au Bangladesh. Trente ans après la mise en place de cette nouvelle forme d'économie, Jean-Marc Surcin revient sur la manière dont elle a évolué dans ce pays, mais aussi au Mali et en Bolivie. Fondé sur un principe de solidarité et de confiance, le microcrédit consiste à prêter de petites sommes d'argent aux pauvres afin qu'ils investissent dans un projet. Un vélo qu'ils pourront louer, une machine à coudre pour confectionner des vêtements à la vente ou même une vache, qui constitue parfois le point de départ d'une entreprise. La « banque des pauvres » étant un organisme à but non lucratif, les modalités de remboursement des prêts sont beaucoup plus souples qu'auprès des usuriers des rues, et les taux d'intérêts très faibles. Et le procédé fonctionne bien. Très bien même. À tel point que les banques se sont penchées sur ce nouveau marché qui, contre toute attente, s'est révélé très lucratif.

Est-il possible de privatiser la microéconomie ? La survie de centaines de millions de personnes est-elle compatible avec des intérêts purement financiers ? Ce documentaire dresse un bilan clair de ce qu'est la microéconomie et de ce qu'elle pourrait devenir. Il pose, au fil des interviews, des questions autant techniques qu'éthiques, sans y apporter de réponse tranchée.

Erwan Lecomte
Télérama n° 2756, 9 novembre 2002.

1. Au début, lors de la mise en place du microcrédit…

☐ A. on pensait que cela rapporterait beaucoup d'argent.

☐ B. on ne s'attendait pas à ce que le procédé se développe autant.

☐ C. on pensait que cette forme d'économie ne fonctionnerait pas bien.

☐ D. on ne s'attendait pas à ce que cela reste une aide financière bénévole.

2. Quelle est l'attitude des banques face au microcrédit ?

☐ A. Elles ne sont pas du tout intéressées.

☐ B. Elles ne sont plus intéressées.

☐ C. Elles ont toujours été intéressées.

☐ D. Elles commencent à être intéressées.

3. Quelle est l'attitude du réalisateur face aux questions qu'il soulève dans son documentaire ?

☐ A. Il présente le pour et le contre.

☐ B. Il ne s'implique pas.

☐ C. Il donne son avis.

☐ D. Il est catégorique.

La crème des crèmes

LES FRANÇAIS consomment 4,2 kg de crème fraîche par an et par habitant. Cela vous semble beaucoup ? Détrompez-vous. Ces achats ne représentent même pas 1 % de nos dépenses alimentaires annuelles. C'est qu'en matière de gastronomie la crème sort à peine du purgatoire. Au cours des années 1950 et 1960, les restaurateurs en ont usé et abusé, au point d'en faire, un peu malgré elle, le symbole d'une certaine cuisine, bourgeoise et empâtée.

En réalité, c'est un fort mauvais procès. La crème est un produit qui convient parfaitement à la cuisine moderne, et, qui plus est, un produit plutôt léger ! Il suffit pour cela de comparer : un gramme d'huile d'olive représente 9 calories, un gramme de beurre 8, et un gramme de crème fraîche 4 seulement. Voire moins de 2, si cette crème est allégée, ce qui fondamentalement en altère fort peu le goût.

Mais, du goût, en a-t-elle seulement ? En effet, rares sont ceux qui ont eu un jour la chance de piquer le bout d'une fraise dans un peu de crème crue. Ce produit fragile, puisqu'il ne subit aucun traitement thermique, offre en revanche une incomparable palette aromatique, particulièrement au printemps quand les vaches sont au pré, ruminant l'herbe nouvelle.

Quelques crémiers tiennent encore l'article, quasi en voie de disparition. En fait, les statistiques laitières recensent deux grandes familles de crème : la fraîche et la longue conservation, aussi dénommée UHT. Respectivement, 60 % et 40 % des ventes. Contrairement à ce que laisse penser l'adjectif la qualifiant, la crème fraîche n'est pas crue, mais bien pasteurisée. [...]

Cette crème épaisse fait des merveilles dans les sauces. Nos voisins allemands ont opté eux pour la crème fraîche liquide, qu'ils mettent dans la confiserie ! Ils nous expédient depuis peu leur Campino. Un étrange bonbon, rayé comme une célèbre pâte dentifrice, et qui ne contient qu'une goutte de jus de fraise, mais 6 % de crème fraîche. Une intrigante sensation lactée en bouche. C'est bien simple, on déteste ou l'on adore.

Guillaume Crouzet
Le Monde, 20 février 2002.

1. Que nous apprend cet article ?

☐ A. La gastronomie à base de crème fraîche souffre d'une image désuète.

☐ B. Tout le monde reconnaît que la crème fraîche est un produit léger.

☐ C. Les restaurateurs ont diffusé une image de luxe de la crème fraîche.

☐ D. La crème fraîche occupe une place de choix dans les paniers des consommateurs.

2. Que pense le journaliste de la crème fraîche ?

☐ A. La crème allégée altère beaucoup le goût.

☐ B. Les différentes crèmes sont toutes calorifiques.

☐ C. La crème crue est très savoureuse.

☐ D. La pasteurisation enrichit le goût de la crème.

3. Quelle est la conclusion du journaliste ?

☐ A. Il cite une pâte dentifrice allemande qui utilise la crème fraîche.

☐ B. Il compare l'utilisation de la crème fraîche dans les recettes allemandes.

☐ C. Il suggère d'ajouter de la crème fraîche dans les confiseries.

☐ D. Il constate le succès d'un bonbon allemand en France.

Les feux de Saint-Elme

Pourquoi un piolet peut-il lancer des clairs?

[…] Grâce [au feu de Saint-Elme], un mât de bateau se transforme en luminaire éphémère et, durant un quart de seconde, tout objet pointu métallique devient une baguette magique. Pour qu'un tel éclair apparaisse, il faut d'abord un temps d'orage. L'air est alors chargé en électricité statique, ce qui crée un fort champ électrique ambiant. Puis il faut porter un objet taillé dans un matériau conducteur d'électricité : un piolet métallique est un bel exemple. Il se crée alors un champ électrique à la surface du métal. Or, plus l'objet est pointu, plus le champ est fort. À la pointe du piolet, ce champ électrique est si puissant qu'il arrache des électrons aux molécules de l'air qui se trouvent juste à proximité. Les électrons sont des particules de matière dotées d'une charge électrique négative qui compense la charge électrique positive du noyau : du coup, en temps normal, l'atome reste neutre. Mais dans un gaz dont les atomes ont perdu des électrons, c'est-à-dire ionisé, on ne trouve que des fragments électriquement chargés qui s'entrechoquent et s'échauffent. Cette énergie excite les électrons des atomes voisins pendant un très court moment. Ils reviennent à leur état d'origine en émettant une lumière.

Azar Khalatbari
Science & Vie , n° spécial «Tintin chez les savants», 2002.

1. Les feux de Saint-Elme sont dus à des champs électriques provoqués par...

☐ A. un temps d'orage.

☐ B. des objets métalliques.

☐ C. un mât de bateau.

☐ D. un instrument pointu.

2. La lumière des feux de Saint-Elme se produit...

☐ A. lorsque les atomes d'oxygène restent neutres.

☐ B. lorsque les atomes d'oxygène perdent des électrons.

☐ C. lorsque le choc des particules produit un maximum d'énergie.

☐ D. lorsque les électrons des atomes reviennent à leur état initial.

N° Éditeur : 10099921 – Juin 2003.
Imprimé en France par MAME Imprimeurs (03052124).

TEST DE CONNAISSANCE DU FRANÇAIS

Corrigés
des activités et du Test

Transcriptions des enregistrements

ACTIVITES D'ENTRAÎNEMENT

Compréhension orale

Section 1 – Niveau 1

1. D
2. A
3. C
4. B
5. B
6. A

Section 2 – Niveau 2

7. C
8. B
9. D
10. D
11. D
12. B

Section 3 – Niveau 3

13. B
14. C
15. A
16. D
17. A
18. C
19. B
20. A
21. A
22. D
23. A
24. D
25. C
26. C
27. A
28. B

Section 3 – Niveau 4

29. 1. A – 2. C
30. 1. B – 2. D
31. 1. B – 2. C

32. 1. D – 2. B
33. 1. C – 2. D
34. 1. B – 2. A
35. 1. C – 2. D
36. 1. B – 2. D
37. 1. D – 2. B
38. 1. B – 2. B
39. 1. B – 2. D
40. 1. C – 2. B
41. 1. A – 2. C
42. 1. A – 2. B
43. 1. D – 2. D
44. 1. A – 2. C

Section 4 – Niveau 5

45. 1. D – 2. A
46. 1. B – 2. D
47. 1. D – 2. B
48. 1. D – 2. A
49. 1. B – 2. C
50. 1. B – 2. C
51. 1. D – 2. C

Section 4 – Niveau 6

52. 1. B – 2. C
53. 1. D – 2. A
54. 1. C – 2. B
55. 1. A – 2. D
56. 1. B – 2. C
57. 1. A – 2. B
58. 1. B – 2. D

Structure de la langue

Niveau 1

59. D
– *Les garçons ! Qu'est-ce que vous **faites** ?*
60. C
– *Je trouve cela trop **acide**.*

61. A

– *Si tu vas à la poste, n'oublie pas d'acheter **des timbres**.*

62. D

– *Je pense partir à Lyon **en train**.*

Niveau 2

63. A

– *Tu as mis assez d'argent dans **l'horodateur** ?*

64. B

– *Je suis végétarienne, je ne mange pas **de viande**.*

65. B

– *Je **me** souviens de cette photo avec toute la famille.*

66. A

– *Marc et Annie sont absents pour le moment, mais **leur** frère se trouve disponible.*

Niveau 3

67. B

– *Apportez-**moi** le rapport financier de l'année dernière, s'il vous plaît.*

68. A

– *Je suis **meilleur** que toi !*

69. A

– *Désolé, mais elle est au garage. **Le mécanicien** doit la réparer.*

70. C

– *Non, maintenant j'ai des **lentilles**.*

71. C

– *Elle a remporté un grand **succès**.*

72. C

– *Passe-moi la **télécommande**.*

73. B

– *Je ne sais pas encore si je me rends à l'exposition de peinture, ou peut-être **j'irai** au cinéma.*

74. B

– *Quelle excellente salade de fruits, je l'ai entièrement **mangée**.*

Niveau 4

75. D

– *j'ai dû répondre au téléphone toute la matinée, **si bien que** je n'ai pas pu le finir.*

76. B

– *Dorothée, quelle ville a été ensevelie par **l'éruption** du Vésuve ?*

77. B

– *Hier, il a neigé **pendant** cinq heures, toutes les routes étaient bloquées.*

78. C

– *Elle est pleine de **suie**.*

79. A

– *Quel salaire touchez-vous **par mois** ?*

80. C

– *Prière **d'insérer** la disquette dans l'ordinateur.*

81. D

– *La société à **laquelle** j'ai soumis mon projet a accepté de m'accorder les financements.*

82. B

– *Les supporters de l'équipe nationale hurlent de joie lorsque les joueurs **marquent** un but.*

Niveau 5

83. D

– *Bien sûr, je **les lui** laisserai ce soir en partant.*

84. D

– *« Avoir le cœur sur la main » signifie « **être généreux** ».*

85. B

– *Il faut que tu **ailles** voir un dentiste de toute urgence.*

86. B

– *Les comédiens attendaient dans **les coulisses** du théâtre et se préparaient pour leur entrée en scène.*

87. A

– ***En revanche**, j'ai réussi à laisser un message à son attention auprès de sa secrétaire au travail !*

88. B

– *Le pharmacien a déclaré que cette cliente lui **a remis** une ordonnance falsifiée.*

89. C

– *L'insolence de cet étudiant face à son enseignant sera sévèrement sanctionnée.*

90. A

– *Le directeur envisage **de recruter** des candidats possédant une expérience professionnelle de trois ans au minimum.*

Niveau 6

91. D

– *Bien qu'il fasse froid, nous irons faire une promenade pour nous aérer.*

92. C

– *« Avoir d'autres chats à fouetter » signifie « **avoir autre chose à faire** ».*

93. B

– *Papa ! J'ai trouvé un **ver** de terre sous une pierre !*

94. D

– *Si je **n'avais pas suivi** le cours de danse africaine cette année-là, je n'aurais pas rencontré Sébastien.*

95. C

– « *Être dans de sales draps* » signifie « *être dans une situation embarrassante* ».

96. D

– *La **conjoncture** économique n'est pas favorable en ce moment. Nous ne pouvons embaucher personne.*

97. B

– *Et dire qu'il **la** considérait comme une sœur !*

98. C

– *L'insolence **dont** vous avez fait preuve vous vaudra une sévère punition !*

Compréhension écrite

___Niveau 1

99. 1. C – 2. D

100. C

101. B

102. C

103. B

___Niveau 2

104. D

105. 1. C – 2. A

106. C

107. C

108. A

___Niveau 3

109. 1. B – 2. C

110. D

111. 1. C – 2. D

112. 1. A – 2. B

113. D

114. D

115. C

116. 1. B – 2. D

117. A

118. C

119. A

120. 1. B – 2. C

121. 1. B

122. D

123. C

___Niveau 4

124. 1. B – 2. C

125. 1. B – 2. C

126. A

127. D

128. D

129. 1. A – 2. D

130. 1. B – 2. D

131. 1. B – 2. B

132. 1. A – 2. C – 3. D

133. 1. C – 2. A

134. 1. C – 2. B

135. 1. B – 2. D

136. D

137. 1. A – 2. D

138. 1. C – 2. B

___Niveau 5

139. 1. C – 2. A

140. 1. D – 2. C

141. 1. A – 2. C

142. 1. A – 2. B

143. 1. B – 2. D

144. 1. A – 2. B

145. 1. B – 2. C

146. 1. A – 2. D

147. 1. A – 2. D

148. 1. C – 2. B

___Niveau 6

149. 1. D – 2. C – 3. B

150. 1. D – 2. A

151. 1. D – 2. A – 3. B

152. 1. B – 2. A

153. 1. B – 2. D – 3. C

154. 1. B – 2. C – 3. C

155. 1. D – 2. C – 3. A

156. 1. C – 2. B

157. 1. D – 2. A – 3. D

158. 1. C – 2. C – 3. A

Expression orale

__Niveau 1

159. Indications de réponse :

Vocabulaire
• Pour le physique : grand/petit, gros/mince, les cheveux raides/frisés, blond/brun/roux…
• Pour le caractère : gentil, colérique, dynamique, rêveur, patient, joyeux.

Développement
Outre l'âge, la taille, la personnalité, vous pouvez ajouter des détails sur la tenue vestimentaire, les études, les activités de vos amis.
Essayez de les présenter de façon logique : allez du plus général vers le plus précis.
Exemple :
Mon ami Jean a 18 ans, il est étudiant en mathématiques à l'université. Il mesure 1,75 m et il est plutôt musclé car il pratique beaucoup de sports. Il a un visage fin et ses cheveux sont noirs et bouclés. Nous sommes de très bons amis mais nous avons des caractères opposés : je suis paresseux alors que lui est très dynamique.

__Niveau 2

160. Indications de réponse :

Vocabulaire
Le cinéma, la lecture, les sports (le tennis, la natation, la danse), les voyages, la photographie, le bricolage, la cuisine.

Développement
Faites un récit détaillé de vos activités, de vos loisirs. En plus d'une description, ajoutez vos préférences : « Je pratique volontiers… », « Ce qui me plaît… », « Je n'aime pas… »

__Niveau 3

161. Indications de réponse :

Un livre :
• Son genre littéraire : un roman (classique, policier, de science-fiction, d'aventures, de cape et d'épée, une auto/biographie), une nouvelle, un conte, une pièce de théâtre, un recueil de poésies.
• Son style : léger, lourd, dialogues, descriptions, récit.
• Ce qui peut plaire dans un livre : les personnages, leur psychologie, l'intrigue, les descriptions, les dialogues, le style, le courant littéraire (le romantisme, le nouveau roman…).

Un film :
• Son genre : un vieux film classique en noir et blanc, un film muet, un western, une comédie musicale, un drame, un film d'action, psychologique, policier, d'horreur, de science-fiction, d'aventures, de cape et d'épée, une comédie, un dessin animé.
– Le film était-il en version originale, sous-titré/doublé ?
– Etait-ce une adaptation cinématographique d'un livre ?
– Ce qui peut plaire dans un film : la psychologie des personnages, la musique, les décors, les effets spéciaux, le jeu des acteurs, l'adaptation, le montage, les paysages, l'histoire, le dénouement.

En général :
• Où se passe l'action ? Quel sujet traite le film ? Quel milieu est décrit ?
• Quelques adjectifs : émouvant, bouleversant, excitant, passionnant, surprenant, intéressant, angoissant, terrifiant, haletant (suspense), grandiose.

__Niveau 4

162. Indications de réponse :

Vocabulaire
Les déchets, la qualité de l'air, l'environnement, les gaz polluants, le tri sélectif des ordures, les transports, les usines polluantes.

Développement
Votre exposé oral peut se dérouler en plusieurs étapes en suivant l'intitulé de la question. En effet, vous pouvez présenter d'une part les types de pollution puis analyser les actions de lutte. Ou bien, pour chaque type de pollution, indiquez quelles mesures sont déjà engagées et ce qui reste à faire. Pensez aussi aux autres acteurs en jeu : les institutions, les écoles, le pouvoir local, les associations…

__Niveau 5

163. Indications de réponse :
Ce sujet demande une certaine culture générale car il vous faudra donner des exemples, si possible de l'actualité française.
Pour aborder ce sujet, il faut avoir à l'esprit les différents acteurs :
– Les médias, choisissez celui avec lequel vous êtes le plus familier (sans omettre les autres).
– Le public (à définir : selon les âges, les sexes, les catégories socioprofessionnelles).
– Les institutions (le conseil de l'audiovisuel, les gouvernements).

• Posez-vous plusieurs questions, qui peuvent constituer des grandes pistes d'étude :

1) L'opinion publique est-elle homogène ?
(Y a-t-il un moyen de l'évaluer ? en référence aux enquêtes et autres sondages d'opinion)

2) Les médias ont-ils le devoir de livrer la vérité ?
Le droit à l'information pour vivre pleinement sa citoyenneté.
Les journalistes qui donnent leur vie pour chercher les informations.

3) Quelle est la valeur de l'information ?
Comparer des exemples de propagande historique avec l'état actuel de diffusion de l'information par exemple.
Existe-t-il une censure aujourd'hui ? Sous quelles formes ?

• Quelques exemples possibles à exploiter :
La sécurité médicale : le scandale du sang contaminé.
La sécurité alimentaire : l'affaire de la vache folle.
Le domaine politique : les carrières des politiciens.

Conseils pour citer et exploiter vos sources et vos références :
– la presse quotidienne
Quelle presse ? locale ou nationale (titres des journaux).
Quel genre de magazines (spécialisés ou non) ?
– la télévision
De quelle émission (journal de 20 heures, documentaire, reportages) ?
Quelle audience ?
Quel journaliste ?
– la radio
Quelle radio (ondes courtes, moyennes, internationales) ?
– Internet
Quels sites, moteurs de recherches ?

• Un ouvrage de référence : *Le Rapport Omerta* (sur toutes les affaires non divulguées au public).
• Un journal à consulter : *Le Canard enchaîné*.

___Niveau 6

164. Indications de réponse :

Actes de parole :
Prendre la parole, présenter un point de vue oralement, s'exprimer avec précision.

Pour exprimer une opinion :
Je crois, je pense, à mon avis, selon moi, d'après moi, il me semble.

Les moyens technologiques :
La télévision, le satellite, Internet, l'ordinateur, le portable.

• Vous pouvez présenter chaque moyen technologique et décrire ses avantages et ses inconvénients ou opter pour une démarche plus classique présentant tout d'abord votre point de vue, puis des arguments défavorables à ce dernier (sans oublier bien sûr, dans les deux cas, une conclusion sur le sujet).

Quelques idées :

La technologie nous a permis de communiquer de plus en plus vite mais elle a nous a aussi donné les moyens d'avoir chacun son outil de communication.
Satellite : il permet de toucher beaucoup de personnes rapidement (conflit, catastrophe…). Cela nous permet d'avoir une conscience mondiale que l'on ne pouvait pas avoir avant.
Internet : très utilisé pour faire passer des messages (écologie, catastrophes, droits humains…), pour sensibiliser les gens à certains problèmes. Internet permet de toucher rapidement de nombreux pays dans le monde et de faire prendre conscience de certaines réalités.
Grâce à Internet, les groupes scolaires peuvent communiquer par e.mail et s'informer de leurs vies respectives, se présenter leur pays… L'internet permet une mise en relation élargie, au-delà des frontières, et de donner de l'information en masse, ce qui peut également désensibiliser le public.
Le *chat* et le forum permettent de communiquer en groupe. Mais ce sont aussi des moyens de communication virtuels.
Portable : on peut être joint et joindre partout. Le portable permet un usage à la seule initiative de l'individu qui le possède, sans aucune autre contrainte que celle, éventuelle, que ce dernier se fixe. C'est un mode de communication rapide et instantané, qui peut engendrer des désagréments ; par exemple, un comportement individualiste renvoie à l'autonomie accrue d'une personne qui peut être perçue comme l'empiétement d'un individu sur la zone de liberté d'autrui. Dans la rue, les gens occupés à téléphoner avec leur portable sont coupés du monde extérieur.
Mais de plus en plus de jeunes ont des portables et se parlent ou s'envoient par ce moyen des messages. C'est un moyen de communication très rapide.

Expression écrite

Niveau 1

165. Indications de réponse :

Depuis quand votre voisin fait-il du bruit ?

À quel(s) moment(s) de la journée ou de la semaine est-il bruyant ? (tout le temps, le matin, le soir, en fin de semaine).

Est-ce la première fois que vous lui demandez d'être moins bruyant ?

Quelle est l'origine du bruit ?

Que lui demandez-vous de faire ? (baisser la musique, parler moins fort, être plus discret, faire moins de bruit dans les escaliers).

• Décrivez quel est votre état psychologique : vous êtes énervé(e), en colère, timide…

– Quelques verbes : gêner, perturber, déranger, empêcher de dormir/de se reposer, (ne plus) supporter quelque chose / de + infinitif, demander, en avoir assez…

– Quelques formules de politesse : voudriez-vous s'il vous plaît + infinitif ; pourriez-vous + infinitif ; voudriez-vous/pourriez-vous avoir la gentillesse de + infinitif.

– Vous pouvez également utiliser l'impératif si vous êtes excédé par son attitude bruyante.

Niveau 2

166. Indications de réponse :

Voici un modèle de lettre amicale qui pourra vous guider dans votre réflexion :

```
                                    Ville, date


              Formule d'appel,


  1. Présentation de la situation et excuses
  2. Les raisons
  3. Lancer une invitation pour vous faire
  pardonner


  Formule finale,


  Signature
```

– *Formule d'introduction ou d'appel :* Chère … (*féminin*) / Cher … (*masculin*) + prénom ; Ma chère / Mon cher + prénom ; prénom seul.

– *Corps de la lettre :*

1) Avoir une mauvaise nouvelle à annoncer à quelqu'un ; être dans une situation délicate.

Promettre quelque chose ; se faire une joie de + infinitif.

Mais ; malheureusement.

Ne pas pouvoir venir au mariage ; être dans l'impossibilité de venir ; se décommander ; être (vraiment) désolé(e) ; s'excuser ; regretter.

2) Venir d'apprendre quelque chose ; avoir un entretien d'embauche ; fixer un rendez-vous ; ne pas pouvoir faire autrement ; chercher du travail depuis longtemps ; ne pas laisser échapper une occasion ; un travail intéressant ; ne pas avoir d'autres dates à proposer ; ne pas pouvoir refuser.

3) Espérer que votre ami(e) ne sera pas fâché(e) / ne sera pas vexé(e) ; en vouloir à quelqu'un ; être compréhensif(ve).

Inviter votre ami(e) et son mari/sa femme chez vous pour fêter le mariage entre vous ; se retrouver au restaurant.

– *Formule finale :* Je t'embrasse, grosses bises ; bises ; à bientôt.

Niveau 3

167. Indications de réponse :

Vocabulaire

• *Pour la peur*

Les adjectifs : surpris(e), paniqué(e), effrayé(e), horrifié(e).

Les verbes : sursauter, s'arrêter net, se paralyser, crier, hurler.

Les expressions imagées : une peur bleue, les cheveux se dressent sur la tête, avoir la chair de poule, le cœur bat la chamade.

• *Pour la joie*

Les adjectifs : gai(e), joyeux (euse), ravi(e), enthousiaste, heureux(euse), hilare.

Les verbes : rire, s'amuser, se divertir, se réjouir.

Les expressions imagées : être au septième ciel, pleurer de joie, sourire aux anges, être sur son nuage, sauter de joie.

Actes de parole

Raconter une histoire, exprimer des sentiments et des émotions.

Développement

Il s'agit tout d'abord de décrire les circonstances, c'est-à-dire le ou les événements à l'origine de la peur / de la joie. Par exemple, lors d'une soirée d'orage, une promenade en forêt, ou lors d'une fête surprise, la réussite à un examen… Cette partie du récit doit comporter des éléments concernant les lieux, les personnages et l'ambiance. Dans un deuxième temps, le candidat devra plus analyser ses sentiments et présenter de façon claire son point de vue. Il faudra tenter de ne pas trop dissocier circonstances et sentiments. Il ne s'agit pas de rédiger deux parties distinctes, mais de rédiger un récit cohérent.

Niveau 4

168. Indications de réponse :

Vocabulaire

Partir à l'étranger, séjourner, le parcours scolaire, la scolarité, le diplôme, le séjour linguistique, le programme d'échange, suivre des études, être inscrit (à / dans), le pays d'accueil.

Articulateurs logiques

Premièrement, tout d'abord, en premier lieu
Ensuite, puis, en second lieu
Enfin, en conclusion, pour finir
+ car, en conséquence, en effet, puisque, parce que, pourtant, au contraire de

Développement

Il est conseillé pour cette rédaction de présenter au moins deux points de vue, c'est-à-dire d'analyser deux aspects de la question posée. Sur ce fait de société «les études à l'étranger», vous pouvez articuler le type de plan suivant :
1) les avantages de suivre des études à l'étranger : les progrès linguistiques, l'ouverture d'esprit, les débouchés professionnels ;
2) les inconvénients du séjour d'études à l'étranger : les équivalences des diplômes sont-elles respectées et valorisées ? l'organisation du séjour, le problème du logement ou de l'adaptation dans le pays d'accueil.
N'oubliez pas d'organiser vos arguments en introduisant des mots logiques, cela vous permettra aussi d'ordonner vos idées. Vous devez montrer que votre réflexion est structurée, qu'elle progresse autour de vos arguments, qui vont par exemple du moins important au plus important. N'oubliez pas non plus l'illustration de vos propos extraits de l'actualité, de vos lectures, du cinéma ou d'émissions.

Niveau 5

169. Indications de réponse :

Pour bien préparer ce sujet, pensez à dresser la liste de vos idées sur un papier puis élaborez un plan afin de construire votre discours de manière cohérente.
• Vous pouvez développer votre sujet de deux façons :
– soit en adoptant le schéma classique français de la «thèse (votre point de vue) / antithèse (les éléments à opposer à votre point de vue) / synthèse (compromis entre les deux solutions ou réfutation des éléments de l'antithèse)» ;
– soit en adoptant une organisation thématique du sujet.
N'oubliez pas de formuler une brève conclusion.
• Pensez à utiliser des articulateurs logiques pour construire votre raisonnement et argumenter. Les synonymes et les pronoms relatifs vous aideront à éviter les répétitions. Illustrez votre propos à l'aide d'exemples. Attention au langage parlé et aux tournures familières.

Pour exprimer une opinion

Je pense, je crois, à mon avis, selon moi, il me semble, d'après moi

Actes de paroles

Convaincre, argumenter, organiser le discours

Quelques articulateurs logiques

D'abord, en premier lieu, il se peut, certes, s'il est vrai que…
Et, aussi, en outre, puis, également, d'ailleurs, car, parce que, donc, c'est pourquoi, en effet, toutefois, en revanche, en fait…
Ainsi, par exemple
Donc, enfin, en résumé, pour conclure…

Quelques idées

Les langues étrangères peuvent aider à la compréhension des autres, à s'ouvrir à une autre culture.
Le plurilinguisme est nécessaire à la réussite professionnelle (important à l'heure de l'Europe et de l'ouverture des frontières).
Danger de l'uniformisation et perte des particularismes culturels.
Connaître la culture d'un pays passe aussi par la connaissance de sa langue.
L'anglais, langue «universelle» de communication, est un outil pratique et international au niveau des échanges économiques et touristiques : pourquoi alors apprendre d'autres langues ? On peut penser que savoir l'anglais est suffisant pour pouvoir communiquer.

Niveau 6

170. Proposition de pistes de correction pour un compte rendu :

Quelques conseils

Attention : dans l'exercice de compte rendu, il ne s'agit ni d'un résumé ni d'une synthèse ! C'est un exercice de contraction de texte, pour lequel vous devrez respecter une consigne de longueur qui vous sera donnée en nombre de mots (1/4 du texte initial). Votre production devra donner lieu à un nouveau texte, cohérent, articulé et entièrement compréhensible pour une personne qui n'a pas lu le texte d'origine.

• Vous devrez respecter deux règles essentielles :

– Vous devez être objectif : vous ne devez pas porter de jugement ni faire de commentaires personnels. Vous ne pouvez pas utiliser d'arguments extérieurs au texte d'origine. L'introduction et la conclusion du compte rendu doivent être tirées du texte d'origine. Votre production ne devra ni être une analyse du texte d'origine ni un commentaire de ce dernier.

– Vous devez reformuler : le compte rendu produit devra être rédigé avec vos propres mots. Vous ne devrez pas reprendre d'expressions du texte d'origine, excepté les mots clés.

• Contrairement au résumé, pour le compte rendu vous pouvez construire un plan différent du texte d'origine : vous n'êtes pas tenu de respecter l'ordre et l'articulation exacts du texte initial.

Vous pouvez également mentionner en introduction, la source du texte initial (« dans le texte… », « l'auteur dit que… »). Attention, cela reste cependant déconseillé, car cette mention a tendance à rallonger le compte rendu et à alourdir la production.

Un compte rendu à titre indicatif

L'ennui ressenti par les élèves est un constat sur lequel tout le monde s'accorde : enseignants, parents, élèves. L'ennui est un facteur qui touche tous les élèves dans toutes les classes.

Ce sujet suscite des débats et des interrogations car le rôle de l'école est remis en cause surtout parce que les élèves qui s'ennuient bouleversent complètement les cours.

Les élèves, habitués à être dans des situations d'intenses activités, supportent mal le lent cheminement vers l'apprentissage des savoirs. Le ministère réfléchit à des solutions.

(84 mots)

TEST D'ENTRAÎNEMENT

Compréhension orale

171. B
172. A
173. C

Section 2 – Niveau 2
174. A
175. C
176. A

Section 3 – Niveau 3
177. D
178. B
179. A
180. C
181. D
182. A
183. B
184. C

Section 3 – Niveau 4
185. 1. D – 2. B
186. 1. C – 2. A
187. 1. A – 2. C
188. 1. D – 2. C
189. 1. D – 2. D
190. 1. D – 2. C
191. 1. A – 2. A
192. 1. A – 2. D

Section 4 – Niveau 5
193. 1. A – 2. C
194. 1. C – 2. C
195. 1. D – 2. A
196. 1. D – 2. B

Section 4 – Niveau 6
197. 1. D – 2. B
198. 1. C – 2. A

199. 1. C – 2. B
200. 1. C – 2. A

Structure de la langue

Niveau 1
201. C
– *Regarde ! On peut patiner sur le lac, l'eau est **gelée**.*
202. B
– *J'ai vraiment mal à la tête, demain je vais **chez** le médecin.*

Niveau 2
203. D
– *Ne t'inquiète pas, on met **environ** 5 minutes pour aller chez Jeanne.*
204. D
– *Je lui ai déjà dit plusieurs fois d'aller **se** mettre en pyjama avant de dîner.*
205. D
– *Quelle malchance d'avoir perdu mon **parapluie**.*

Niveau 3
206. B
– *Élisabeth et André sont **heureux** de vous annoncer la naissance de leur petit garçon Raphaël.*
207. A
– *« Porter un toast » signifie **« boire en l'honneur d'un évènement »**.*
208. C
– *Pour la réunion du conseil d'administration, je vous charge de présenter **le bilan** de l'année.*
209. D
– *Suite à l'agression d'un conducteur, les syndicats ont déclenché **une grève**.*
210. D
– ***Dans** quinze jours, je quitte mon travail, mon appartement, ma ville et je commence une nouvelle vie.*

Niveau 4
211. D
– *Mais en majorité, il a été dit que le matériel **devait être changé**.*

212. C
– *Si intelligent soit-il, il manque de compétences pour ce poste.*

213. C
– *Je vous remercie **de** votre invitation à dîner.*

214. B
– *« Prendre ses jambes à son cou » signifie « s'enfuir très vite ».*

215. B
– *L'agent au bureau d'accueil m'a assuré que mon passeport me sera **délivré** demain.*

Niveau 5

216. A
– *Il a dit qu'il **avait oublié** ses clés chez lui !*

217. D
– *Et à la fin, quel **coup de théâtre** !*

218. A
– *Cette nuit, Paul a très mal dormi. Moi, en revanche, j'ai dormi d'un sommeil **de plomb**.*

Niveau 6

219. A
– *« Laisser à désirer » signifie « **présenter des imperfections** ».*

220. B
– *J'en ai trouvé plusieurs paires et je les ai toutes **achetées**.*

Compréhension écrite

Niveau 1

221. A
222. C
223. A

Niveau 2

224. B
225. D
226. 1. A – 2. B

Niveau 3

227. 1. D – 2. A
228. C
229. B
230. 1. D – 2. A
231. B
232. 1. D – 2. C
233. B
234. 1. C – 2. B

Niveau 4

235. 1. A – 2. C
236. A
237. 1. D – 2. B
238. C
239. A
240. 1. D – 2. B
241. 1. C – 2. A
242. 1. C – 2. B

Niveau 5

243. 1. C – 2. B – 3. D
244. 1. A – 2. D
245. 1. A – 2. D – 3. B

Niveau 6

246. 1. B – 2. A – 3. C
247. 1. B – 2. A – 3. D
248. 1. B – 2. D – 3. A
249. 1. A – 2. C – 3. B
250. 1. A – 2. D

Transcriptions

ACTIVITES D'ENTRAÎNEMENT

Compréhension orale

Section 1 – Niveau 1

1. Oh, regarde, il neige ! N'oublie pas…
A. ton sac.
B. tes lunettes.
C. tes clés.
D. ton manteau.

2.
A. Je suis en retard !
B. Quelle heure est-il ?
C. Je suis en avance !
D. Il est 15 heures.

3.
A. J'ai essuyé la vaisselle.
B. J'ai rangé la vaisselle.
C. J'ai lavé la vaisselle.
D. J'ai séché la vaisselle.

4. « Je te souhaite… »
A. une bonne fête.
B. un bon appétit.
C. une bonne année.
D. un bon voyage.

5. « S'il te plaît, tu peux… »
A. faire le service ?
B. ranger ta chambre ?
C. laver la vaisselle ?
D. nettoyer ton vélo ?

6. « Il fait froid ici,… »
A. ferme la porte.
B. ferme la fenêtre.
C. ferme le bureau.
D. ferme le rideau.

Section 2 – Niveau 2

7. « Il est 20 heures. Nous vous annonçons que le magasin fermera ses portes dans quelques instants. Veuillez vous diriger vers les caisses, s'il vous plaît. »

Cette annonce a été passée :
A. dans un café.
B. dans une boulangerie.
C. dans un supermarché.
D. dans un restaurant.

8. « J'ai froid. Peux-tu… »
A. ouvrir la fenêtre ?
B. allumer le chauffage ?
C. fermer les rideaux ?
D. éteindre le radiateur ?

9. « Avez-vous vu quelque chose ? »
A. Non merci, pas pour l'instant.
B. Avec plaisir, merci beaucoup.
C. D'accord, bien volontiers.
D. Non, rien du tout.

10. « Allô, bonjour, je voudrais parler à Martine, s'il vous plaît. »
A. Elle va à l'école à huit heures.
B. Elle veut déjeuner avec vous.
C. Elle vous embrasse très fort.
D. Elle arrive, je vous la passe.

11. « Je cherche le bureau de poste, où est-il ? »
A. Il est parti faire des courses.
B. Vous posez les lettres ici.
C. Il se trouve dans la boîte.
D. Vous prenez la rue à droite.

12. « Je t'invite chez moi ce soir ; j'organise une fête pour mon anniversaire. »
A. Non merci, je veux juste du gâteau.
B. D'accord, je peux venir avec une amie ?
C. Pardon, je souhaite connaître l'heure.
D. Désolé, je préfère partir tout de suite.

Section 3 – Niveau 3

13.

A : *Salut Emmanuelle ! Alors, comment s'est passé ton week-end ?*

B : *On a marché et grimpé pendant des heures, mais le paysage valait vraiment le coup d'œil ! On a mangé des sandwichs au bord d'un lac en se dorant au soleil, le rêve…*

A : *Vous avez vu des animaux ?*

B : *Oh oui, j'ai même failli me faire piquer par un serpent !*
Où la jeune femme a-t-elle passé son week-end ?

14.

A : *Alors… je peux vous proposer une croisière sur le Majestic, au large des côtes grecques…*

B : *Ah non, merci ! j'ai failli me noyer l'été dernier aux Seychelles ! Moi, j'adore visiter les vieux monuments. Je suis partie en Espagne il y a deux ans, c'était vraiment ma-gni-fique !*

A : *Mmm… Il me semble que l'Italie vous conviendrait parfaitement. Seulement, il vous faudra partir un mois avant la date prévue car je n'ai plus de place.*

B : *Un mois avant ! Je ne sais pas si cela sera possible ! Il faut que je réfléchisse.*

Que fait la dame ?

15.

A : *Clément, as-tu rangé ta chambre, comme je te l'ai demandé ?*

B : *Presque maman. Regarde, il ne me reste plus qu'à classer les livres dans ma bibliothèque.*

A : *C'est bien. Oh ! Mais tu as vu l'état de la moquette ? Il va falloir la nettoyer ! Au fait, et ton travail ? Je vois que ton cartable est toujours fermé !*

B : *Oui, j'ai fini mes exercices et je viens de ranger mes affaires.*

Qu'a fait l'enfant ?

16.

A : *Allô André ? C'est Isabelle. Ça te dit de faire une balade à vélo cet après-midi ?*

B : *Cela aurait été avec plaisir ; je sais que tu adores le deux-roues, mais je suis un peu fatigué. Je suis allé en forêt hier pour chercher des champignons !*

A : *Encore ! Bon, euh… tu serais d'accord pour faire quelques brasses ?*

B : *Tu sais bien que j'ai horreur de l'eau ! En revanche, je veux bien aller faire le tour du lac Saint-Nicolas, ce n'est pas trop fatigant…*

Qu'aime faire André ?

17.

A : *Anna et Christophe nous ont proposé de passer le 31 décembre ensemble, qu'est-ce que tu en penses ?*

B : *Oui, pourquoi pas. Il était aussi question de retrouver Christian et Juliette en boîte de nuit, mais cela ne me dit rien. On pourrait aller chez tes parents, non ?*

A : *Mmm… Je cherche quelque chose de plus original… J'ai trouvé : que penses-tu d'un petit chalet, près d'une station de ski ?*

B : *Je trouve ça formidable, comme ça on pourra respirer le grand air !*

Qu'a décidé le couple ?

18.

A : *Que penses-tu de cet appartement ?*

B : *Je préfère celui qu'on a visité hier. Il était plus lumineux et moins cher.*

A : *C'est vrai que celui-ci est un peu sombre, mais il est spacieux. Cela nous changerait de notre petit deux-pièces.*

B : *On ne pourrait pas trouver un compromis ?*

Que nous apprend cette conversation ?

19.

A : *Allô, bonjour. Ma machine à laver fuit. Je suis trop vieille pour la déplacer et je n'y connais rien. Est-ce que quelqu'un pourrait venir voir de quoi il s'agit, s'il vous plaît ?*

B : *Bien sûr. Avez-vous pu voir si la fuite venait de la machine ou des tuyauteries ?*

A : *Je crois que cela vient de la machine.*

B : *Très bien, nous vous envoyons quelqu'un.*

De quoi la vieille dame a-t-elle besoin ?

20.

A : *Dépêche-toi un peu ! On risque de le rater ! Après, il n'y en a plus d'ici trois heures !*

B : *C'est bon, c'est bon, j'arrive ! C'est le quai numéro 2, c'est ça ?*

A : *Oui, voiture 16. On est à côté. Quand je pense qu'on va voir Chloé ce soir, je suis impatient !*

B : *Au fait, Jean m'a laissé ses clés car il sera parti la chercher : elle arrive au vol de 20 heures.*

Comment les deux amis se rendent-ils chez Jean ?

21.

A : *Nous avons réservé une chambre pour deux personnes.*

B : *Oui, et c'est à quel nom ?*

A : *Monsieur Blanchard, nous resterons trois nuits.*

B : *Un instant, je vous donne les clés.*

Que fait l'homme à son arrivée à l'hôtel ?

22.

A : *J'ai rendez-vous avec le directeur, où se trouve son bureau ?*

B : *C'est au bout du couloir ; mais vous avez rendez-vous ?*

A : *Bien sûr, nous avons une réunion à 14 heures.*

B : *Patientez un moment, je lui annonce votre arrivée.*

Comment la secrétaire accueille-t-elle le visiteur ?

23.

A : *Il faut que tu termines tes devoirs avant 20 heures, allez, dépêche-toi !*

B : *Mais cet exercice de mathématiques est vraiment difficile, tu peux m'aider ?*

A : *Ah non ! Essaie de réfléchir encore un petit peu.*

B : *Je me dépêche et j'arrive dîner.*

Que se passe-t-il dans cette situation ?

24.

A : *Alors, il paraît que tu vas te marier ? Félicitations !*

B : Merci. Tu connais peut-être mon futur mari, c'est l'ami de Jacques.

A : Mais oui, je vois qui c'est ! Quand se déroulera la cérémonie ?

B : Au mois de juin ; d'ailleurs, j'en profite pour te dire que tu seras de la fête.

Qu'est-ce que l'homme apprend dans cette conversation ?

25.

A : Comme ce chat est mignon, maman, on peut le prendre à la maison ?

B : Il faudra bien t'en occuper, ça prend beaucoup de temps !

A : Oui, oui. Je ferai bien attention à lui.

B : Bon, c'est vrai qu'il est beau, tout noir avec sa tache blanche !

Que décide la mère à propos de l'animal ?

26.

A : Je souhaiterais un aller pour Toulouse, s'il vous plaît. Je pars demain matin.

B : Vous voulez réserver en compartiment fumeur ou non-fumeur ? Couloir ou fenêtre ?

A : Je désire une place non-fumeur et près de la fenêtre.

B : D'accord, c'est réservé. Vous avez votre TGV à 8 h 30 demain matin.

Que fait la femme ?

27.

A : Demain, il va neiger, je te conseille de porter un bonnet et des bottes.

B : Bah, tu sais la météo se trompe souvent, il fera juste un peu froid.

A : Tu verras bien si tu tombes malade !

B : Tu as peut-être raison, je prendrai mon écharpe.

Selon la femme, que doit faire l'homme ?

28.

A : Nous voudrions nous inscrire pour un an dans votre centre de sport.

B : Tenez ! Remplissez cette fiche avec vos nom, prénom et adresse.

A : C'est-à-dire… vous pouvez juste nous donner une brochure d'informations ?

B : Il n'y en a plus… repassez la semaine prochaine !

Que font les clients ?

Section 3 – Niveau 4

29.

A : Bonjour monsieur, j'enquête sur le vol dont a été victime Mme Pivert. Vous connaissez bien la victime ?

B : Pas très bien, j'ai emménagé ici il y a six mois.

A : Vous avez déclaré n'avoir rien entendu la nuit du vol. Or le voleur est passé par la terrasse commune pour fracturer la porte-fenêtre !

B : Oui, mais ma chambre est de l'autre côté. En revanche, je me rappelle avoir eu soif dans la nuit et, par la fenêtre de la cuisine, j'ai vu un inconnu sortir de l'immeuble.

A : Très intéressant. Vous pouvez m'en dire plus ?

B : J'étais à peine réveillé. J'ai juste vu qu'il était grand et qu'il boitait.

1. Qui est la personne interrogée ?

2. Comment le policier considère-t-il la personne interrogée ?

30.

A : Nous proposons à nos clients de convoyer et de déposer sur la lune des photos, des messages ou des objets personnels.

B : Mais c'est incroyable ! Vous n'avez vraiment aucun scrupule ! Vous transformez la lune en dépotoir !

A : Madame, selon la loi, la lune appartient à tout le monde, il est donc logique que notre entreprise y trouve sa part.

B : Les lois sont floues à ce sujet et vous le savez ! Ce n'est pas une raison pour faire n'importe quoi !

A : Nous n'envoyons pas de matériel biologique susceptible de la contaminer, nous sommes donc dans la légalité la plus totale.

B : Vous n'avez vraiment aucune morale !

1. Comment réagit la femme aux propos du responsable sur les activités de l'entreprise ?

2. Qu'est-ce que l'entreprise se charge d'envoyer sur la lune ?

31.

A : Tiens, tu as vu l'article à propos des tests de cosmétiques sur les animaux ?

B : Ah, non. De quoi ça parle ?

A : Des industries de cosmétiques qui testent leurs produits sur des animaux, les lapins blancs par exemple. Tu savais qu'on leur instillait des gouttes de produits cosmétiques dans les yeux pour mesurer les irritations oculaires ?

B : Quelle horreur ! Et il existe des mesures contre cela ?

A : Maintenant oui ; le Parlement européen vient d'interdire, à partir de 2009, la commercialisation dans les pays européens des produits de beauté testés sur des animaux. En revanche, il existe trois tests de toxicité qui seront maintenus jusqu'en 2013 car on ne connaît encore aucune méthode de substitution.

B : Fais voir… Mmm… Eh bien moi je trouve que c'est une bonne chose !

1. Comment le couple a-t-il pris connaissance des tests de l'industrie cosmétique sur les animaux ?

2. Que se passera-t-il à partir de 2009, dans l'Union européenne ?

32.

A: *Vous vivez ici depuis soixante-huit ans, vous êtes retraité et vous avez laissé votre exploitation agricole à un jeune couple, c'est ça ? C'était une exploitation familiale ?*

B: *Oui, la propriété était à mes grands-parents. J'y ai travaillé toute ma vie et mes enfants y ont grandi. Malheureusement, ils n'ont pas voulu reprendre l'affaire.*

A: *La vie à la campagne était-elle très différente autrefois ?*

B: *Oh oui ! le travail était dur. Je n'ai pu acheter mon premier tracteur qu'en 1970 et j'en payais l'assurance grâce aux fagots de bois que je vendais au boulanger.*

A: *Y-a-t-il moins d'activités qu'avant dans votre village ?*

B: *Vous savez, à mon époque, on comptait bien 900 bêtes dans les champs, maintenant il n'en reste pas plus d'une cinquantaine…*

1. Quel était le métier du vieil homme ?
2. Par rapport à l'époque du vieil homme, que peut-on dire de l'élevage des bêtes dans le village ?

33.

A: *Ça alors, Christine ! Je ne pensais plus jamais te revoir dans cette ville, et encore moins dans un cabinet médical !*

B: *Alors ça, pour une surprise, c'en est une ! Bernard ! Que deviens-tu ? Tu n'as pas quitté la ville depuis tes études à l'université ?*

A: *Eh non, j'y enseigne, même ! En ce moment, je suis en vacances. Et toi ? Tu en es où ?*

B: *Eh bien moi, j'ai arrêté mes études de chimie et je suis partie à Paris. Depuis, je travaille dans l'informatique. Tu vois, j'ai complètement changé de voie.*

A: *Tu reviens ici pour revoir tes parents ?*

B: *Malheureusement non ! Nous sommes ici avec mon mari pour suivre un stage dans le cadre de notre travail.*

1. Dans quel domaine travaille Christine ?
2. Quelle est la raison de la présence de Christine dans la ville ?

34.

A: *Bonjour, j'aimerais changer mon billet de train Paris-Bordeaux, s'il vous plaît.*

B: *Normalement, cela ne devrait poser aucune difficulté. Donnez-moi votre billet.*

A: *Tenez. J'ai raté mon train de midi. Je l'ai attendu à la gare d'Austerlitz et je me suis aperçu trop tard qu'en fait le départ était gare Montparnasse.*

B: *Ne vous faites pas de souci, je vais pouvoir vous le changer pour le prochain horaire. En revanche, vous risquez de repayer une réservation ; attendez, je vais vérifier…*

A: *Oui, je comprends… Si je n'étais pas si étourdi, j'aurais lu correctement le nom de la gare de départ sur le billet !*

B: *C'est assez courant comme erreur ! Alors… Tenez, voilà votre nouveau billet, vous ne me devez rien, finalement.*

1. Pourquoi le jeune homme n'a-t-il pas pu prendre son train ?
2. Que veut faire le jeune homme ?

35.

A: *Alors, monsieur Roger, c'est la première fois que vous participez à notre jeu. D'où venez vous ?*

B: *J'habite à Vierzon, c'est à une demi-heure d'ici en voiture. J'espère bien gagner car je voudrais partir en voyage avec ma femme pour fêter nos vingt ans de mariage.*

A: *Le montant de la cagnotte mérite bien tous vos efforts ! Alors, pour commencer, quel thème choisissez-vous ? Histoire, sciences, littérature ?*

B: *Mmm… Je vais choisir une question «sciences» puisque c'est ma passion, bien que je sois professeur de philosophie !*

A: *Très bien. Alors attention, écoutez bien ! Je vais vous lire la définition d'un mot scientifique tirée du dictionnaire. À vous de me dire de quel mot il s'agit. Vous êtes prêt ?*

B: *Oui, allez-y !*

1. Que peut gagner le candidat ?
2. Quel est le domaine qui passionne le candidat ?

36.

A: *Bonjour madame, je cherche un cadeau original à offrir à ma fiancée. Nous allons bientôt nous marier.*

B: *Mes félicitations. Vous pourriez lui acheter une jolie bague en or ou en diamant.*

A: *Non, elle préfère les cadeaux utiles, mais je ne vais quand même pas lui offrir un aspirateur !*

B: *Alors, pourquoi pas un manteau ? J'en ai de très beaux et à des prix très abordables.*

A: *Malheureusement, elle vient de s'en acheter un pour son anniversaire ! Oh ! Ce châle-là me plaît beaucoup ! Je crois que je vais le prendre !*

B: *Ah, je suis désolée, monsieur, mais ce châle n'est plus à vendre. Il a été réservé par une dame pour Noël.*

1. Quel cadeau l'homme a-t-il décidé d'acheter ?
2. Pour quelle occasion l'homme veut-il offrir un cadeau ?

37.

A: *Je ne suis pas du tout satisfaite de l'aspirateur que j'ai acheté chez vous il y a trois jours.*

B: *Que se passe-t-il madame ? Il ne fonctionne pas ?*

A: *Il n'avale pas toute la poussière et en plus il fait un bruit !*

B: *Effectivement, c'est bizarre, montrez-moi cet aspirateur.*

A: *J'exige d'être remboursée.*

B: *Vous avez le ticket de caisse ? Je vous en propose un tout neuf.*

1. Comment la cliente se comporte-t-elle ?
2. Quel est la politique du magasin en matière de garantie ?

38.

A : *Ça vous tente de sortir au cinéma ce soir ? Pour voir un film d'action, par exemple ?*
B : *On a déjà vu pas mal de films ces derniers temps. Et pourquoi pas un concert ?*
A : *Ah oui, nous, on aime tous les styles sauf le jazz.*
B : *D'accord, je connais un groupe de rock qui joue dans une petite salle à 20 heures.*
A : *Donnez-nous l'adresse et on se retrouve là-bas ce soir.*
B : *10, rue des Petits-Carreaux, c'est à côté de la mairie.*
1. Qu'ont décidé de faire l'homme et la femme ?
2. Comment ces personnes s'organisent-elles ?

39.

A : *Je recherche des ouvrages sur le tourisme en France.*
B : *Quel genre de références vous faut-il ?*
A : *Le professeur nous a demandé de rédiger une synthèse sur le sujet.*
B : *Je vois ; ça reste assez général. Je vous conseille de regarder surtout le rayon géographie.*
A : *Il y aura aussi des revues, des journaux et d'autres supports de recherche ?*
B : *Oui, la bibliothèque met également à disposition des cédéroms et des vidéocassettes.*
1. Que décide de faire la femme ?
2. Que fait le bibliothécaire ?

40.

A : *Monsieur, je vois que vous hésitez entre ces deux vestes, puis-je vous aider ?*
B : *Volontiers. J'aimerais une veste assez habillée pour le travail et pour sortir.*
A : *Les deux modèles sont très différents : il vaut mieux les essayer. La cabine est juste à gauche.*
B : *La veste bleue me semble un peu courte, non ? Je ne me sens pas très à l'aise.*
A : *Je vais vous chercher la taille au-dessus, mais je crois que l'autre vous ira mieux.*
B : *Oui, effectivement, celle-ci tombe impeccable et en plus elle est en promotion, je la prends.*
1. Comment le client réagit-il à la proposition de la vendeuse ?
2. Quelle veste l'homme prend-il finalement ?

41.

A : *Bonjour monsieur, alors, ma voiture est-elle prête ?*
B : *Pas tout à fait, il y a un retard pour votre réparation, madame.*
A : *Mais vous m'aviez promis de la terminer, je pars pour un long trajet demain très tôt !*
B : *Écoutez, trois ouvriers sont en arrêt maladie et nous avons beaucoup de travail, désolé.*
A : *Faites un effort ! Prêtez-moi une voiture pour deux ou trois jours. Vous me mettez dans une situation délicate.*

B : *Bon, voici les clés de la voiture rouge que vous voyez là-bas. À votre retour, tout sera prêt.*
1. Qu'est-il arrivé à la voiture de la femme ?
2. Que demande la femme au garagiste ?

42.

A : *Allô, bonjour. Je vous contacte au sujet de l'annonce : l'offre d'emploi de serveuse.*
B : *Oui, vous avez déjà une expérience dans ce domaine ?*
A : *Pas vraiment, mais j'ai été vendeuse dans une boulangerie avant, pendant trois ans.*
B : *Mmh… et est-ce que vous êtes disponible tout de suite ?*
A : *Oui, tout à fait, je pourrais commencer dans deux jours.*
B : *Très bien, alors prenons rendez-vous pour signer votre contrat.*
1. Auparavant, que faisait la femme ?
2. Quelles sont ses disponibilités ?

43.

A : *Alors, quand pars-tu en vacances ?*
B : *Eh bien, je me suis décidée pour deux semaines en juillet.*
A : *Tu vas en Bretagne comme d'habitude ?*
B : *Ah non, non, cette année, je change. J'ai choisi une destination lointaine.*
A : *Et je peux savoir dans quel pays tu comptes passer tes vacances ?*
B : *Je vais faire des randonnées en Australie.*
1. Cette année, que fait la femme ?
2. D'habitude, que fait la femme ?

44.

A : *Monsieur Bertrand, vous êtes accusé d'avoir volé le sac de madame Plante !*
B : *Je suis innocent : je n'ai rien fait, je ne comprends pas madame le Juge.*
A : *Bon, que faisiez-vous lundi dernier dans l'après-midi ?*
B : *Je travaillais dans ma boutique comme d'habitude.*
A : *Vos employés ont déclaré que vous vous êtes absenté une heure.*
B : *J'effectuais une livraison. Je me trouvais au mauvais endroit au mauvais moment !*
1. Qu'arrive-t-il à monsieur Bertrand ?
2. Où se déroule la scène ?

Section 4 – Niveau 5

45.

« *Le 6 janvier, fête de l'Épiphanie ou des Rois mages, on partage la galette ou la couronne. Cette tradition très ancienne est restée très vivace en France. On découpe le gâteau des Rois en autant de parts qu'il y a de convives,* plus une supplémentaire. On l'appelle "part du Bon Dieu" ou "part de la Vierge" et elle est traditionnellement destinée à l'homme absent, parti en mer ou à la guerre, ou au pauvre qui pourrait venir frapper à votre porte. La célébration de l'Épiphanie, c'est aussi le rituel de la fève glissée dans la pâte. Celui qui trouve la fève est couronné roi ou reine de la fête et est gentiment convié à régaler les autres d'une nouvelle galette. »

1. À quoi sert la part supplémentaire de galette ?
2. Que doit-on faire lorsqu'on trouve la fève ?

46.

« A : Vous savez que téléphoner en conduisant multiplie par quatre les risques d'accidents ?
B : Et que pense la Prévention routière du nouveau texte du gouvernement interdisant l'usage du téléphone mobile sans kit mains libres lors de la conduite ?
A : On ne peut que l'approuver, évidemment, mais ce n'est pas assez ! Ce que l'on voudrait, c'est l'interdiction totale du portable. Le comportement change nécessairement avec un portable au volant. Le conducteur manque d'attention.
B : Oui, mais c'est pareil quand on écoute la radio !
A : C'est vrai, mais avec le portable, sans vous en rendre compte, vous perdez la sensation de la route : vous êtes concentré sur la personne à qui vous parlez et que vous ne voyez pas ! C'est très différent d'un passager ! »

1. Quelle est l'opinion de la Prévention routière par rapport au texte de loi du gouvernement ?
2. Que pense la Prévention routière du manque d'attention dû à l'utilisation du portable en conduisant ? Elle pense que ce manque d'attention…

47.

« Prenez une boîte à thé et peignez l'intérieur en noir. Pour faire l'objectif de l'appareil, percez un trou à l'aide d'une punaise, sur l'un des côtés les plus larges. Placez un morceau de filtre dessus, côté extérieur. Dans une chambre noire, mettez du papier photo dans la boîte. Pour prendre une photo, débouchez l'objectif et laissez l'image s'imprimer, pas plus de 20 secondes en extérieur par grand soleil et 15 minutes avec une lumière artificielle. Rebouchez ensuite le trou et, dans une chambre noire, plongez la photo dans un bain de révélateur puis de fixateur. Votre photo ressortira comme un négatif, en noir et blanc. Ça s'appelle de la sténopé. »

1. Qu'explique la photographe ?
2. Que faut-il faire pour que le développement d'une photo soit réussi ?

48.

« Comment définir les habitants des grandes villes ? Interrogeons-nous sur leur mentalité et leurs relations sociales. On leur reproche généralement leur égoïsme, leur indifférence ou leur côté superficiel. Cependant, une étude menée récemment dans les grands ensembles urbains révèle que la vie de quartier occupe une place importante. Selon les citadins, le quartier représente un lieu privilégié pour les rencontres. Ils pratiquent volontiers des activités sportives et culturelles dans les associations et des clubs près de chez eux. De plus, les citadins effectuent de préférence leurs petites courses alimentaires dans les commerces et marchés de proximité. »

1. Quels traits attribue-t-on généralement aux citadins ?
2. Que font les citadins dans leur quartier ?

49.

« Aujourd'hui, dans notre émission "L'actualité en question", nous avons invité madame Mitan, représentante de l'association Nature en danger.
– Agir pour la protection de l'environnement n'est pas une contrainte insurmontable. Il suffit de faire attention aux déchets. Les médicaments périmés peuvent être déposés chez le pharmacien pour être ensuite recyclés. Utilisons les poubelles sélectives pour le tri des déchets. Quelques conseils pour les automobilistes : arrêtez votre moteur au feu rouge ; préférez l'essence sans plomb et li-mi-tez votre vitesse ! Protéger l'environnement est l'affaire de chacun pour laisser une planète propre aux générations futures. »

1. Quelles sont les deux sources de pollution à combattre selon madame Mitan ?
2. Quel est l'objectif de la lutte contre la pollution ?

50.

« Les nouveaux rythmes de vie et l'arrivée de saveurs nouvelles bouleversent la gastronomie française. La restauration rapide pour l'heure du déjeuner trouve toujours plus d'adeptes. Le repas du midi pris tranquillement à la maison se fait rare. Les cantines peu appréciées et les lieux de travail éloignés du domicile incitent donc les Français à se restaurer moins. On remarque aussi que la composition des menus devient plus "exotique". Il est entré dans les habitudes de "manger chinois, grec ou italien". Pizza, sushi et couscous font partie des menus mais pas au détriment des plats traditionnels français. »

1. Qu'est ce qui a changé dans le rythme de vie des Français ?
2. Comment réagissent les Français face aux nouvelles saveurs exotiques ?

51.

« À Marseille, dans un quartier au sud de la ville, d'anciennes usines désaffectées vont être détruites pour laisser place à de nouveaux logements. Chacun a tenu à émettre son avis sur ce grand projet. Architectes, élus municipaux, *habitants et associations ont participé au choix des plans de construction. Écoutons quelques réactions :*

"Moi, je suis née dans ce quartier et j'y vis encore : je suis très attachée aux vieux bâtiments qui représentent l'histoire de ce lieu. Le paysage va changer, c'est un peu la mémoire du quartier qui s'en va !".

"En tant qu'architecte, j'ai fait attention à respecter le style des maisons mais l'immeuble sera très moderne !" »

1. Comment ont été élaborés les plans de ces nouvelles constructions ?
2. Quelle est la réaction de l'habitante du quartier vis-à-vis de ce nouveau projet ?

Section 4 – Niveau 6

52.

« En étudiant l'étrange phénomène des grenouilles à cinq pattes de l'Ouest américain, des chercheurs ont découvert qu'un ver minuscule se glissait sous la peau des batraciens et perturbait le développement de leurs membres. Ce parasite grandit, se métamorphose et se multiplie à l'intérieur d'un escargot d'eau, puis va ensuite dans le têtard. L'homme joue un rôle dans ce processus car les engrais qu'il utilise favorisent la prolifération d'algues et par conséquent des mollusques qui s'en nourrissent. On pense que le ver fait naître cette difformité pour que la grenouille soit plus vulnérable car il ne peut se reproduire de manière sexuée que dans l'intestin d'un prédateur. »

1. Pourquoi le parasite s'introduit-il dans les grenouilles ?
2. Quels sont les responsables du développement du ver ?

53.

« Une université américaine vient d'annoncer publiquement son intention de se lancer dans le clonage humain thérapeutique. Les scientifiques tiennent à préciser qu'ils sont opposés au clonage humain reproductif. Ces expériences devraient permettre de remplacer ou réparer des organes endommagés, de trouver de nouveaux traitements ou de guérir des maladies incurables. Les cellules souches peuvent à présent être obtenues à partir d'embryons humains clonés, et non de fœtus avortés ou d'embryons créés in vitro. Mais le Président américain a interdit le financement fédéral de cette recherche. Cependant, les scientifiques refusent de rester inactifs face à la concurrence des chercheurs étrangers. »

1. Le Président a interdit le financement fédéral de la recherche sur ....
2. Quelle est l'attitude des scientifiques américains face à la décision du gouvernement en matière de clonage humain thérapeutique ?

54.

« A : Docteur Mariot, bonjour...

B : Bonjour.

A : Vous êtes pédopsychiatre et vous vous intéressez au problème de la violence à l'écran et à ses dangers pour les enfants. D'après vous, la violence sur le petit écran ne se limite pas à la diffusion de certains films.

B : En effet, la violence prend différentes formes et elle est aussi présente dans les émissions de plateau, la publicité, les clips... qui sont largement diffusés à des heures où les enfants ont accès à la télévision... Ils la regardent d'ailleurs beaucoup trop, c'est le problème. Il y a aussi le journal de 20 heures, où l'on peut voir des images traumatisantes... Mais là, éteindre la télé n'est pas une bonne solution car l'enfant doit avoir accès au monde petit à petit. L'important c'est qu'il raconte son angoisse afin de se soulager. C'est ce qui lui permettra de supporter une image de la réalité. »

1. Selon le pédopsychiatre, lorsqu'un enfant voit des images violentes à la télé, quelle attitude devraient adopter les parents ?
2. D'après le docteur Mariot, comment pourrait-on résoudre en partie le problème de la violence à la télévision face aux enfants ?

55.

« A : Et maintenant, notre point santé. Aujourd'hui, les médicaments génériques.

B : Ce sont des copies du principe actif d'un médicament original dont le brevet est passé dans le domaine public. Ils ont la même composition, la même forme et les mêmes effets que les médicaments originaux mais sont vendus environ 30 % moins cher. Depuis deux ans, les pharmaciens peuvent remplacer un médicament original par un générique, sauf si le médecin l'interdit formellement sur l'ordonnance. Grâce à ce type de médicament, la Sécurité sociale et les mutuelles peuvent maîtriser les dépenses de santé. Pourtant, en France, les génériques ont encore du mal à s'imposer alors qu'ils ont le même taux de remboursement que les originaux. »

1. Que nous apprend cette émission sur les médicaments génériques ?
2. Pourquoi les médicaments génériques sont-ils intéressants ?

56.

« Dix ans après la disparition d'Yves Montand, la municipalité de Paris rend hommage à l'artiste. Les différentes salles de l'exposition reprennent les divers aspects de la vie de Montand à travers un parcours chronologique. D'abord, une pièce aménagée en salle de concert où les visiteurs s'installent et écoutent des extraits de ses chan-

sons. À partir de 1964, sa carrière se dirige vers le cinéma, comme l'illustrent les affiches. Enfin, des couvertures de magazines présentent l'artiste à la fin de sa vie : à la fois présent sur les scènes de concert, dans les films et dans la vie politique. »

1. Comment l'exposition est-elle organisée ?
2. Quel est le premier métier de Montand ?

57.

« Le livre va-t-il disparaître face à l'avancée des nouvelles technologies ? Les pédagogues s'alarment et se plaignent à qui veut l'entendre que les enfants lisent de moins en moins ou plus du tout. Une institutrice à Lyon raconte : "Les ordinateurs s'imposent en classe. Alors que le coin bibliothèque se réduit, les crédits destinés à l'achat des logiciels augmentent." Le sociologue Gérard Robert n'est pas du même avis : "À chaque apparition d'un nouveau média, on craint pour l'avenir du livre. Avant, c'était la presse, puis la télévision, aujourd'hui, Internet. Il n'y a pas à s'inquiéter pour les jeunes lecteurs, surtout quand on constate le succès du Salon de l'édition pour la jeunesse !". »

1. Quelle est la réaction des pédagogues vis-à-vis des pratiques de lecture des enfants ?
2. Pour quelle raison pense-t-on que le livre est en danger ?

58.

« Les petits budgets partent en vacances grâce à de nouvelles compagnies aériennes qui cassent les prix des billets. Des sociétés proposent des tarifs beaucoup moins chers que dans les grandes compagnies. Mais les conditions de voyage ne sont pas les mêmes. Pour changer la date de réservation, vous risquez une surtaxe qui vous reviendra plus cher que le prix du billet. Les correspondances ne sont pas toujours assurées. À bord, le confort est limité au minimum. Pas de café ou de collations gratuits : tout se paye ! Dans les conditions de vente, les compagnies à bas prix déclinent toute responsabilité concernant les dommages causés sur les bagages. »

1. Que proposent les nouvelles compagnies aériennes ?
2. Quelles sont les conditions de ventes ?

TEST D'ENTRAÎNEMENT

Compréhension orale

Section 1 – Niveau 1

171.
A. Bonjour, je m'appelle Sylvie Dupré.
B. Bonjour, je vous présente monsieur le directeur.
C. Bonjour, comment allez-vous ?
D. Bonjour, monsieur le directeur, enchantée.

172.
A. Je vais faire des courses.
B. Je vais prendre une douche.
C. Je vais lire sur le canapé.
D. Je vais préparer le repas.

173.
« J'ai très faim… »
A. As-tu mis la table ?
B. As-tu pris le pain ?
C. As-tu préparé le dîner ?
D. As-tu mangé la salade ?

Section 2 – Niveau 2

174.
« Mesdames, Mesdemoiselles, Messieurs. Nous vous informons qu'un bar est situé dans la voiture numéro 14. Vous y trouverez un grand choix de boissons chaudes et froides et des pâtisseries. »

Cette annonce a été passée :
A. dans un train.
B. dans un café.
C. dans un magasin.
D. dans une boulangerie.

175.
« Je ne sais pas quoi choisir, conseille-moi. Tu préfères le pull ou la chemise ? »
A. Le magasin accepte la carte bleue.
B. Le rayon chaussures est au bout.
C. La couleur de celui-ci te va bien.
D. La vendeuse a l'air peu aimable.

176.
« Aujourd'hui, au menu, nous proposons du lapin et des pommes de terre. »
Dans quel endroit se déroule la scène ?
A. Au restaurant.
B. Au supermarché.
C. À la maison.
D. À la ferme.

Section 3 – Niveau 3

177.
A : *Je ne comprends pas pourquoi Éric ne m'a pas rappelée. Ça m'énerve ! Je commence à en avoir marre de son attitude !*
B : *C'est vrai que ce n'est pas trop sympa, mais bon, tu devrais patienter encore un peu… Il a peut-être eu un empêchement !*
A : *Un empêchement ! Je ne vois pas quel empêchement il a pu avoir pour ne pas m'appeler, comme il l'avait dit. Les portables, ça sert à quelque chose, non !*
B : *Allez, calme toi ; viens, on va faire un tour en attendant…*
La jeune fille est…

178.
A : *Bonjour monsieur, j'ai étudié votre candidature pour le poste de serveur. J'ai vu que vous aviez une expérience dans le domaine.*
B : *En effet, j'ai travaillé trois ans dans un bar-restaurant.*
A : *Écoutez, ce poste est très demandé. Votre CV m'intéresse. Je vous donne trois mois pour faire vos preuves et voir si le poste correspond bien à votre attente.*
B : *D'accord.*
Que va faire le patron ?

179.
A : *Oh là là ! Tu as vu le monde qu'il y a ! J'espère qu'il restera des places pour notre séance !*
B : *Ce n'est pas grave, sinon on ira à la prochaine. Au fait, j'ai oublié de te dire que j'avais réussi à acheter mon billet de train pour aller voir ma grand-mère à Noël.*
A : *Bonne nouvelle !… Eh ! Ça te dit que j'achète du pop-corn pour grignoter pendant le film ?*
B : *Oh oui, j'adore ça ! Vas-y pendant que je vais prendre les places.*
Où arrivent les deux amies ?

180.
A : *Tu n'as pas de portable ? Pourquoi ?*
B : *Je n'en ai pas l'utilité. J'ai déjà un fixe chez moi, je trouve cela suffisant.*
A : *Pourtant, ça peut être pratique, en cas d'ennui, par exemple. Et si la sonnerie te dérange, tu peux le mettre en mode vibreur.*
B : *C'est vrai. En plus, cela ne prend pas de place. Mais cela m'ennuie beaucoup d'être obligé de répondre à des gens qui m'appellent à n'importe quelle heure et n'importe quand.*
L'homme trouve que le téléphone mobile est…

181.

A : *Quel film intéressant, j'ai beaucoup apprécié les acteurs et l'histoire.*

B : *Eh bien moi, c'est la musique que j'ai trouvée superbe.*

A : *Alors là, je ne suis pas d'accord, ça m'a cassé les oreilles !*

B : *Tu exagères ! Je ne t'emmènerai plus au cinéma.*

Quelle est leur opinion ?

182.

A : *Servez-moi un kilo de tomates et quelques pommes.*

B : *Voilà, il vous faut autre chose, madame ?*

A : *Ah oui, il me manque du sucre aussi, une boîte.*

B : *Allez à la caisse, je vous prépare un sac.*

Que fait la femme ?

183.

A : *Ah, docteur, je ne suis pas du tout en forme en ce moment.*

B : *Et vous avez mal où ?*

A : *C'est plutôt que je me sens très fatigué, sans énergie.*

B : *Je vous donne des vitamines et, surtout, reposez-vous.*

Qu'arrive-t-il au patient ?

184.

A : *Henri, il faut que tu installes cette étagère !*

B : *Oui, d'accord, mais où ?*

A : *Dans la cuisine, près de la table.*

B : *Bon, je vais chercher mes outils, ce ne sera pas très long.*

Qu'est-ce que la femme demande à l'homme de faire ?

Section 3 – Niveau 4

185.

A : *Tu as vu le documentaire sur les Nenets vendredi soir ?*

B : *Oui, j'ai trouvé ça très intéressant. Bon, le commentateur avait une voix inexpressive et la musique était un peu ennuyeuse.*

A : *C'est vrai, mais les commentaires étaient vraiment très instructifs. J'ai trouvé qu'ils complétaient bien les images.*

B : *Moi aussi. Tu as vu comment ils pêchaient le phoque ? Incroyable ! Je ne sais pas comment ils peuvent vivre à cette température.*

A : *Et ils utilisent tout : la viande pour manger, les peaux pour les habits…*

B : *Moi, ces paysages enneigés, les icebergs et les glaciers, ça me fait rêver.*

1. Les deux amis ont trouvé…

2. Où vit le peuple des Nenets ?

186.

A : *Allô ? Le service des urgences ? Mon ami ne se sent pas bien. Il a le bas du ventre gonflé et cela lui fait mal. Il ne s'est pas évanoui mais il a des sueurs froides.*

B : *Est-ce qu'il a de la fièvre ? Il a vomi ?*

A : *Non, mais il a la tête qui tourne et il est tout pâle.*

B : *Il a déjà eu mal à cet endroit ?*

A : *Oui, plusieurs fois ces derniers temps. Il se demandait même si ce n'était pas un problème gastrique.*

B : *À mon avis, c'est plutôt une hernie intestinale. Venez immédiatement aux urgences !*

1. Comment réagit le patient à la douleur ?

2. Que nous apprend cette conversation sur le patient ?

187.

A : *Le Parlement européen vient d'adopter à la majorité un règlement précisant le temps de conduite et de repos que doivent respecter les chauffeurs routiers.*

B : *En effet, ce texte apporte quelques améliorations par rapport à la situation actuelle.*

A : *À qui s'adresse-t-il ?*

B : *À tous les chauffeurs de poids lourd en général qui roulent au sein de l'Union européenne, et également à ceux qui viennent de pays tiers.*

A : *Vous pouvez nous en dire un peu plus ?*

B : *Bien sûr. Le temps de conduite quotidien d'un chauffeur routier sera de 9 heures, mais il pourra être étendu à 10 heures deux fois par semaine. La durée hebdomadaire de conduite est de 56 heures, mais le chauffeur ne devra pas conduire plus de 90 heures en deux semaines.*

1. À qui s'adresse le nouveau règlement ?

2. En quinze jours, un chauffeur routier ne devra pas excéder…

188.

A : *Bonjour madame, j'ai déjà appelé chez vous en début de semaine.*

B : *Vous avez sûrement parlé à ma collègue, mais elle ne travaille pas aujourd'hui. Je peux vous renseigner ? Nous proposons des logements à des jeunes travailleurs débutants.*

A : *Justement, je viens d'obtenir un travail dans votre ville, à Toulouse donc, et votre collègue m'avait réservé une chambre.*

B : *Ah oui. Vous êtes monsieur Martin, c'est ça ?*

A : *Oui, c'est bien ça. Je devais vous envoyer mon contrat de travail comme garantie. Je l'ai reçu ce matin ; je peux vous l'envoyer par la poste ou par mél ?*

B : *Vous pourriez l'envoyer par fax ? Ce serait plus rapide et plus simple pour nous.*

1. Pourquoi monsieur Martin téléphone-t-il ?

2. Qu'apprend-on sur monsieur Martin ?

189.

A : *Allô, j'aimerais parler à monsieur Dupuis, de la part de la société Tran.*

B : *Désolée, le directeur est en voyage d'affaires, je prends un message ?*

A : *C'est à propos d'une commande avec laquelle nous avons eu des problèmes.*

B : *Indiquez-moi les références et l'objet de votre commande.*

A : *À la livraison, la marchandise était endommagée. Nous annulons notre contrat.*

B : *Entendu, je lui transmettrai votre message, au revoir.*

1. À qui s'adresse l'homme ?
2. Quel est le sujet de son appel ?

190.

A : *J'ai pris trois kilos, mon boulot me stresse et j'ai des insomnies !*

B : *Tu ne fais pas assez attention à ta santé !*

A : *C'est sûr, mais je n'ai pas le temps de pratiquer un sport, ni rien. Je ne sais pas quoi faire !*

B : *Tu dois surveiller ton alimentation, ne pas manger trop gras, surtout pas de boissons sucrées.*

A : *Oui, mais ça ne suffit pas, je suis toujours énervée…*

B : *Il faut changer ton rythme de vie : bien dormir, te promener au grand air et rester optimiste.*

1. Quelle est l'attitude de l'homme vis-à-vis de la femme ?
2. Qu'apprend-on au sujet de la femme ?

191.

A : *Que se passe-t-il ? Le départ est affiché à 11 heures et nous ne sommes toujours pas installés dans l'avion !*

B : *Le vol pour Nice est annoncé avec deux heures de retard.*

A : *Je peux me faire rembourser mon billet ?*

B : *La compagnie n'est pas responsable, le trafic aérien est trop dense pour l'instant.*

A : *Je passe un examen devant un jury, on va me refuser l'accès à la salle.*

B : *Dans ce cas, je vous fournis un justificatif, tenez !*

1. Que se passe-t-il dans cette situation ?
2. Quelle est l'attitude de l'hôtesse ?

192.

A : *Au nom de tous les salariés, je vous présente un préavis de grève.*

B : *Expliquez-moi vos revendications !*

A : *Nous demandons du personnel supplémentaire et une augmentation des salaires.*

B : *Vous en voulez beaucoup trop !*

A : *Mais non, les conditions de travail sont devenues trop difficiles.*

B : *Je vous préviens : vous n'obtiendrez pas tout !*

1. Qu'est-ce que l'homme souhaite obtenir ?
2. Comment réagit la responsable ?

Section 4 – Niveau 5

193.

« A : *Alors, que faut-il faire pour garder un café en parfait état ?*

B : *Mettez-le immédiatement au frigo car la température ambiante va le dessécher et lui faire perdre sa saveur. Et surtout, préservez-le dans une boîte hermétique pour qu'il ne prenne pas l'odeur des autres aliments.*

A : *Qu'est-ce qui différencie le café des supermarchés de celui du torréfacteur ?*

B : *Chez l'industriel, ce sont des cafés plus génériques ; ils mélangent du bon café et du moins bon. Le torréfacteur, lui, vend des cafés de meilleure qualité car il s'attache moins aux prix. Le problème, dans la torréfaction industrielle, c'est que le café peut être parfois stocké plus de trois mois sur les plates-formes ! Et il ne va plus être aussi bon qu'au départ.* »

1. Comment réagit le café s'il n'est pas conservé au réfrigérateur ?
2. Pourquoi le café est-il moins bon dans les grandes surfaces que chez un torréfacteur ?

194.

« *Panique au centre commercial de Vannes cet après-midi. Quatre détonations, provenant d'un groupe de jeunes, ont retenti dans la foule et semé la confusion. Ces derniers ont pris la fuite avec l'arrivée de la police, qui a envoyé des gaz lacrymogènes pour tenter de les arrêter. Incommodées, trois personnes ont été évacuées. Dans la panique, l'un des jeunes a laissé tomber un faux pistolet. Cinq autres jeunes armés, eux, de couteaux ont été arrêtés. Les clients et les commerçants s'indignent de l'incident qui aurait pu faire des blessés. Les adolescents qui détenaient des armes sont toujours en garde à vue et doivent comparaître devant le parquet prochainement.* »

1. Qu'est-il arrivé aux trois clients que l'on a dû évacuer ?
2. Quel est le sort qui attend les adolescents porteurs d'armes ?

195.

« *Suivant les saisons, les spots publicitaires augmentent à la télévision. Par exemple, à l'approche des fêtes de fin d'année, les coupures sont plus fréquentes au beau milieu des films. Les produits de toilette, la nourriture et les loisirs sont les principaux secteurs visés. Le même phénomène se répète version papier : les boîtes aux lettres débordent de brochures. Mais le consommateur est-il informé ? amusé ? méprisé ? Force est de constater que les publicités manquent de pertinence et présentent les produits à travers des saynètes humoristiques à la limite du* ridicule. *La publicité n'oublie cependant jamais d'entretenir le désir d'acheter.* »

1. Que se passe-t-il à la période des fêtes ?
2. Quel est l'objectif des publicités ?

196.

« *À Paris, capitale de la mode, tout le gratin mondain assiste aux défilés de mode des nouvelles collections. Les reportages télévisés livrent au grand public les tendances de la saison prochaine. Mais derrière les grands noms de la haute couture comme Yves Saint Laurent ou Christian Lacroix, il ne faut pas oublier les équipes de couturières. Car chaque vêtement de haute couture est une œuvre d'art qui nécessite un travail artisanal et minutieux. Cependant, les grandes maisons de couture ne sont pas épargnées par la rentabilité financière. Les employées ont donc décidé de se réunir pour se protéger des plans sociaux. On a vu récemment la création d'un syndicat de stylistes.* »

1. Qui assiste aux défilés de mode ?
2. Qu'arrive-t-il aux employées des maisons de haute couture ?

Section 4 – Niveau 6

197.

« *Face à la multiplication des accidents de la route dus à des infractions, le gouvernement français a décidé de lutter contre l'insécurité routière en modifiant le permis actuel. Le nouveau titulaire d'un permis partira avec un capital de 6 points. Si sa conduite a été exemplaire pendant trois ans, il atteindra alors les 12 points maximum du permis définitif. Autre nouveauté : la durée de l'examen de conduite passera de 22 à 35 minutes. La France se mettra ainsi au diapason de l'Union européenne. À noter encore des questions supplémentaires sur la sécurité routière et un certificat médical d'aptitude à la conduite obligatoire pour tout candidat au permis.* »

1. Le permis à 6 points avec mise à l'épreuve pendant 3 ans est…
2. Qu'a décidé la France pour rester dans la moyenne européenne ?

198.

« *Les acouphènes sont des sifflements ou des bourdonnements d'oreille intérieurs, et donc inaudibles pour l'entourage. Une personne acouphénique peut souffrir d'une baisse d'audition sans être sourde ; mais les sourds aussi peuvent souffrir d'acouphènes. Rechercher un endroit tranquille pour s'isoler ne calme en rien ces bruits, au contraire, cela les prolonge. C'est un véritable handicap quotidien qui peut entraîner de graves répercussions psychologiques nuisant à la vie socioprofessionnelle. Une sensibilité excessive aux bruits quotidiens peut annoncer ou accompagner les acouphènes. Actuellement, il n'existe pas de guérison totale.* »

1. Qu'est-ce qu'un acouphène ?
2. Quel effet a le silence sur les acouphènes ?

199.

B : – *Pour l'instant, je travaille à temps complet dans une pharmacie mais je souhaite changer mes horaires, être plus disponible pour m'occuper de mes enfants. J'ai demandé à mon employeur un poste à temps partiel. Quels sont vos conseils ?*

A : – *Ce genre de modification rend obligatoire la rédaction d'un nouveau contrat de travail. Faites bien attention aux éléments suivants. Dans votre cas, un temps partiel annualisé, votre employeur doit bien préciser la durée annuelle du travail ; la répartition des périodes travaillées et non travaillées. Enfin, vérifiez la répartition du salaire sur l'année, car vous risquez d'avoir de grands écarts selon les mois.*

B : – *Merci, au revoir.*

1. Que demande la jeune femme à son employeur ?
2. Que risque la jeune femme dans son nouveau contrat ?

200.

« *N'avez-vous jamais eu envie de savoir qui étaient vos ancêtres les plus anciens ? C'est le cas de milliers de personnes en France, jeunes et moins jeunes, des passionnés de généalogie qui enquêtent sur leurs aïeux. Il existe dorénavant des librairies spécialisées sur le sujet. Elles invitent d'éminents spécialistes en généalogie qui conseillent et orientent les chercheurs en herbe. Comment expliquer ce regain d'intérêt pour la connaissance de ses racines ? Peut-être l'élargissement des frontières ou un besoin de savoir qui nous sommes et d'où nous venons. Mais les démarches pour parvenir à un résultat sont parfois longues. Mais qui sait ? Vous êtes peut-être un descendant d'une famille royale ou d'un navigateur intrépide ?* »

1. D'après cet extrait, qui s'intéresse aux recherches en généalogie ?
2. Pourquoi les gens effectuent-ils des recherches en généalogie ?